JN100955

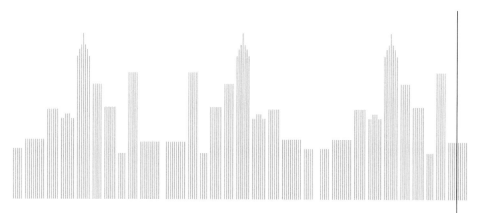

MIKAMI
Masahiro

三上 真寛

: A Fundamental Approach

: 基礎へのアプローチ

Microeconomics

ミクロ経済学

学 文 社

小さな経済を司る母に捧げる

まえがき

　本書は筆者が大学で経営学部1年生向けに行っている授業をもとに執筆した教科書である。将来，経営の現場で活躍することになる学生達が学んでおくべき経済学とは何かということを念頭に，経済学のエッセンスを伝えることを目的としている。経済学は初めて登るには険しすぎる山のように感じられるが，適切に整備された登山道があれば，誰でも見晴らしの良いところまで辿り着くことができる。これから経済学を学ぶ大学1年生はもちろんのこと，就職活動や就職を控えた大学3・4年生，そして，経済学を学び直したい社会人の方にも是非手に取って頂きたい。

　何かを学ぶときに最も難しいのは，見晴らしが良くなるまで学び続けるということである。「実社会で何に使うか，役に立つか」というのはもっともらしい問いに聞こえるが，見晴らしが良くなる前に「何のために登るのか」と問いたくなるのは難儀なことへの拒絶反応かもしれない。経済学は確かに難しい。見晴らしが良くなるまでには若干の忍耐が必要である。しかし，いったん見晴らしが良くなってくると，実社会のなかで目に見えない仕組みを考えるための強力な道具となる。本書は初学者でも見晴らしの良いところまで辿り着けるように，高度な数式による展開は避け，できる限りなだらかな道のりとなるよう試みた。

　他方で，学んだことを盲信せずに疑問を呈するということも大事な作業である。特に経営学や現実の経営実践に照らしたとき，経済理論は非現実的に思われることが多々あるだろう。そのような感覚は失うべきではないし，理論の安易な全否定へと陥らないためにも誤魔化すべきではない。そのため，教科書の類としては異例のことかもしれないが，初学者に学んでいることへの疑問を抱かせるような留保条件や代替的な考え方にもあえて触れることにした。理論を正しく理解し役立てるにはその前提や限界についても深く考察すべきであるし，

限界を乗り越えようとしてきた昨今の経済学全体の発展も理解しやすくなる。

　以下の章は順番に読んでいくことで最もよく理解できるように構成されている。一部の章の章末には理解を数学的に確認するための簡単な《計算問題》を付した。各章の内容を網羅する問題にはなっていないが，正答も載せてあるので是非試しに解いてみて頂きたい。また，理解をさらに深めるために考えるべき問いを《考察》として付した。これには必ずしも1つの正答があるわけではなく，過去に経済学者の間で議論が交わされた問題や現在でも議論になりうる問題，時と場合によりさまざまな答え方がありうる問題も含まれている。ヒントとなるキーワードを載せたが，インターネット等で調べる前に一度じっくりと考えてみて頂きたい。

　「アプローチ」とは研究対象への接近方法（山頂への道のり）のことであって，「基礎」という言葉同様，必ずしも「簡単」な事柄に留まらない。初学者であっても考えて欲しい事柄や伝えなければならないと思う事柄については，難易度にかかわらず触れるようにしている。もとより万人に分かり易い解説というのは至難の業だが，上記のような執筆方針なので，なおさらに簡略化がすぎる箇所やかえって冗長すぎると感じる箇所もあろう。また，経済学研究の分業を担っている各分野の専門家諸氏からすれば目に余る箇所も多々あることと覚悟している。ご指摘は甘んじて受けて将来の改訂に活かしていきたいが，ひとまずは私なりの案内方法だと思ってご寛恕頂ければ幸いである。

　2020年2月

三 上 真 寛

目　次

第1章
経済学とはどのような学問か

　経済学の起源は古代ギリシャのアリストテレスやそれ以前まで遡るとも言われるが，ここでは18世紀イギリスから話を始めよう。社会思想家のバーナード・マンデヴィル（Bernard de Mandeville）は，「ブンブンうなる蜂の巣―悪者が正直者になる話―」(1705)という詩の中で当時の社会を蜂の巣に喩えながら，次のように述べている。

> あるひろびろとした蜂の巣があって，奢侈と安楽に暮らす蜂でいっぱいだった。……各部分は悪徳に満ちていたが，全体そろえばまさに天国であった。……悪徳は巧妙さをはぐくみ，それが時間と精励とに結びついて，たいへんな程度にまで生活の便益やまことの快楽や慰安や安楽を高め，おかげで貧乏人の生活でさえ，以前の金持ちよりよくなって，足りないものはもうなかった。……欺瞞や奢侈や自負はなければならず，そうしてこそ恩恵がうけられるのだ。……ものを食べるには空腹が必要なように悪徳は国家にとり不可欠のものだ。(バーナード・マンデヴィル著，泉谷治訳(1985)『蜂の寓話―私悪すなわち公益』法政大学出版局，11-35ページ)

1人1人の人間（各部分）が欺瞞，奢侈，自負といった悪徳に基づいて行動していても，そのような人間が集まった社会（全体）では，むしろ経済的な恩恵が生じる。そうした悪徳があるからこそ，人は懸命に商売するようになり，生活が便利で豊かになっていくというのである。

　本当にそのような仕組みはあるのか。また，そのような仕組みがあるからといって，人は悪徳に満ちた存在であってよいのか。諸個人の悪徳が社会全体の利益になるというマンデヴィルの考えは，当時の宗教家らから大変な批判を受けたとされている。マンデヴィル

Bernard de Mandeville
(1670-1733)

自身の考えが正しいか否かは別としても，今日でも多くの場面で個人の私悪（利己心）と公益が衝突し，しかし他方では多くの個人や企業が意図的に善や公益を目指そうとしていることに鑑みれば，これは現代まで通じる重要な問題提起であったに違いない。

　マンデヴィルと同じような問題を再び論じたのは，イギリスの道徳哲学者アダム・スミス（Adam Smith）であった。スミスは『国富論』(1776) の中で，市場の拡大が交換と分業を可能にし，生産性の向上によって富がもたらされることを論じ，かの有名な「**見えざる手**」について述べた。

> あらゆる個人は……公共の利益を促進しようと意図してもいないし，自分がそれをどれだけ促進しつつあるのかを知ってもいない。……かれは自分自身の利得だけを意図しているわけなのであるが，……見えない手に導かれ，自分が全然意図してもみなかった目的を促進するようになるのである。かれがこの目的を全然意図してもみなかったということは，必ずしもつねにその社会にとってこれを意図するよりも悪いことではない。かれは，自分自身の利益を追求することによって，実際に社会の利益を促進しようとする意図するばあいよりも，いっそう有効にそれを促進するばあいがしばしばある。（アダム・スミス著，大内兵衛・松川七郎訳 (1965)『諸国民の富 (三)』岩波書店，56ページ）

スミスも諸個人が利己心を追求するものだと捉え，それにより公共の利益がもたらされる仕組みを「見えざる手」と呼んだのである。また，人間が物を交換する性向が分業を引き起こすことを論じる中で，次のようにも述べている。

Adam Smith
（1723-1790）

人間は，ほとんどつねにその同胞の助力を必要としていながら，しかもそれを同胞の仁愛だけに期待しても徒労である。そうするよりも，もしかれが，自分に有利になるように同胞の自愛心を刺激することができ，しかもかれが同胞に求めていることをかれのためにするのが同胞自身にも利益になるのだ，ということを示してやることができるならば，このほうがいっそう奏功するみこみが多い。……われわれが自分たちの食事を期待するのは，肉屋や酒屋やパン屋の仁愛にではなくて，かれら自身の利益に対するかれらの顧慮に期待してのことなのである。われわれは，かれらの人類愛にではなく，その自愛心に話しかけ，しかも，かれらにわれわれ自身の必

要を語るのではけっしてなく，かれらの利益を語ってやるのである。(アダム・スミス著，大内兵衛・松川七郎訳 (1965)『諸国民の富 (一)』岩波書店，118ページ)

スミスは社会の中で人々の協働や援助を得るには，慈悲や愛情に訴えるよりも利己心に訴える方が有効だと考えていたようである。ただし，『国富論』よりも前に書いた『道徳感情論』(1759) という本の中では，「**同感**」についても述べている。

人間がどんなに利己的なものと想定されうるにしても，あきらかにかれの本性のなかには，いくつかの原理があって，……他の人びとの運不運に関心をもたせ，かれらの幸福を……かれにとって必要なものとするのである。この種類に属するのは，哀れまたは同情であって，それはわれわれが他の人びとの悲惨を見たり，たいへんいきいきと心にえがかせられたりするときに，それにたいして感じる情動である。……苦痛や悲哀をつくりだすこれらの事情だけが，われわれの同胞感情をよびおこすのではない。なにかの対象から主要当事者のなかに生じる情念がどんなものであろうとも，かれの境遇を考えるとき，すべての注意ぶかい観察者の胸のなかには類似の情動がわきおこるのである。(アダム・スミス著，水田洋訳 (2003)『道徳感情論 (上)』岩波書店，23-28ページ)

スミスは人が他の人々のために多くを共感するという事実を重んじ，決して利己心を追求するだけの存在とは考えていなかったようである。いずれにしても，このようにマンデヴィル，スミスのような経済学の古典を覗いてみれば，経済学の伝統とは，人間本性を問い，社会全体の利益を考えることなのだと言えるだろう。

　当然のことながら，スミスの時代の**古典派経済学**と現代の経済学との間には大きな隔たりがあり，時代の要請に応じて経済学も進化してきた。『国富論』が書かれた18世紀後半というのは，イギリスで産業革命が生じ，機械制大工業による資本主義が確立していった大変革の時代であった。約1世紀後，鉄道・蒸気船が発達した第二次産業革命の時代には，経済学に数学の微積分が導入され，**限界革命**と呼ばれる過程の中で現代的な経済学の基礎が築かれた。20世紀に入り，1929年にアメリカに端を発した大恐慌によって世界各国が失業に苦しむ中，ジョン・メイナード・ケインズ (John Maynard Keynes) は『雇用・

John Maynard Keynes
(1883-1946)

Paul Anthony Samuelson
(1915-2009)
©Innovation & Business
Architectures, Inc.

利子および貨幣の一般理論』(1936) を著し，今日**マクロ経済学**と呼ばれる分野を確立した。他方で限界革命以来の経済学は新古典派経済学として精緻化され，今日**ミクロ経済学**と呼ばれる分野が確立された。1945年に第二次世界大戦が終結して以降，世界経済の覇権とともに経済学の中心もアメリカに移ると，ポール・サミュエルソン（Paul Anthony Samuelson）が『経済学』(1948) という標準的教科書を著し，後にミクロ経済学とマクロ経済学を統合する新古典派総合の考えを示した。ミクロ経済学とマクロ経済学を対とする経済学は，日本では**近代経済学**とも呼ばれてきたが，世界中の大学で教えられているグローバル・スタンダードである。ただし，経済学の全体を見れば，各分野の中で研究課題の分業や論争を進め（**細分化**），他の学問分野と関連・融合しながら（**学際化**），さまざまな学派が併存（**多様化**）しており，ミクロ経済学とマクロ経済学だけが経済学のすべてではない。

《**考察**》

・人間が悪徳に満ちた存在であるというマンデヴィルの見方は正しいだろうか。（ヒント：性善説，性悪説）
・スミスが『国富論』で述べたことと『道徳感情論』で述べたことはどのような関係にあるだろうか。（ヒント：アダム・スミス問題）
・経済学の各分野ではいつか最も正しい理論が見つかるだろうか。（ヒント：反証可能性，理論負荷性）

第2章
ミクロ経済学の対象と方法

1. 経済学の対象と方法

　経済学に隣接する学問分野に**経営学**や**商学**がある。いずれも「経済・経営系」の学問ではあるが，それぞれ研究の対象が異なる。経営学は経済活動に携わるさまざまな組織体（企業等）とその運営や管理の実態を研究し，商学（商業学）は商品の流通過程やそれに伴う運送・保険・金融・貿易などの商行為を研究する。それらに比べて経済学の対象はより広く，社会全体の経済現象を理論的に解明し，その状況を改善する制度や政策を研究する学問分野である。

　経済学のように社会現象を対象とする**社会科学**には，自然現象を対象とする**自然科学**にはない難しさがある。第1に，観察対象が目に見えないという難しさがある。社会現象は，多くの個人間，個人-社会間の複雑かつ膨大な関係から成り立っており，その一部は目に見えたとしてもその全体を実際に目で見ることは難しい。第2に，観察対象が変化しやすい（したがって予測や制御も困難）という難しさがある。社会は人間の思考や行動によって常に変化し，移ろいやすい。第3に，観察者が観察対象の一部であるという難しさがある。観察者自身が観察対象である社会の一員であるため，社会現象の客観的な観察や解釈は難しく，観察のための行為が観察対象に影響を与える恐れもある。第4に，実験ができないという難しさがある。今日ではコンピュータ・シミュレーションや少数の人に対する実験室実験などは行われているが，社会の全体を実験室に入れたり，全く同じ2つの社会を用意して比較対照実験を行ったりする（つまり歴史を巻き戻してやり直す）ことはできない。

　以上のような難しさのほとんどは根本的に解決することができない。それでも経済学は，複雑かつ膨大な社会現象を理解するため，モデルを用いて研究対

5

象に接近し，個々の事柄を法則的・統一的に説明できる理論を探求する。**現実**が現に事実として存在している，ありのままの事柄や状態のことであるとすれば，**理論**はその現実の個々の事柄を法則的・統一的に説明するための知識体系のことである。その際，**モデル**（模型）とは，理論探求のため，対象とする現実を模倣して，その重要な特徴や構造が分かるように単純化したものである。そのようなモデルは，現実そのものではないという意味では理想的・理念的なものだが，現実がモデルに近づくべきだという意味で理想的であるとは限らない。物理学で空気抵抗を無視したモデルを作ったからといって，現実に空気がなくなるべきだと考えているわけではないように，あくまでも理論を構築するにあたって，理想的な条件を想定しているにすぎない。正しいモデルとは，現実のどのような側面を明らかにしたいかという目的に照らして，重要でないと思われる部分をできる限り削ぎ落とし，重要な部分だけを残したモデルであり，常に正しいモデルというものは存在しない。

2. ミクロ経済学とマクロ経済学

ミクロ経済学，マクロ経済学とは，経済現象に対する視点の違いである。

ミクロ経済学の「ミクロ」（マイクロ）とは「微小」，「微視的」という意味である。個々の企業や家計の行動から，市場において需要と供給が均衡し，希少資源がさまざまな用途に効率的に配分されるメカニズムと，それが市場全体にもたらす厚生を分析する。主な分析の単位は，個人（の頭の中）であり，個人がどのように意思決定するかというところから出発し，市場全体の分析に至る。

これは膨大な経済現象を顕微鏡で覗くような視点である。

マクロ経済学の「マクロ」とは「巨大」，「巨視的」という意味である。生産，所得，消費，投資，政府支出，輸出入，貨幣量，金利，物価，失業率などの経済変数間の関係によって，一国経済全体の状況とそれを改善する方策を分析する。主な分析の単位は一国（に関する集計量）であり，さまざま

な集計された経済変数から出発し，一国経済全体の分析に至る。これは膨大な経済現象の景色を眺めるような視点である。

　ミクロ経済学とマクロ経済学は，視点こそ違うものの，無関係ではない。マクロ経済学では，一国経済の全体を，家計部門（国内のすべての家計），企業部門（国内のすべての企業），政府部門（国内の中央政府と地方自治体），海外部門（海外とのすべての取引）の4つに分けて把握する。他方，ミクロ経済学に登場する主な**経済主体**は，**一家計**（消費者）と**一企業**（生産者）である。これらは現実の家計部門から選んだ特定の一家計，現実の企業部門から選んだ特定の一企業なのではなく，あらゆる家計，企業に当てはまるように単純化された一家計，一企業のモデルである。ミクロレベルで説明される家計，企業の行動様式は，マクロレベルで説明される家計部門や企業部門の振る舞いを基礎づけるという関係にある。

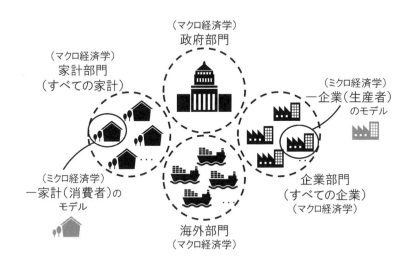

3. ミクロ経済学のものの見方

ミクロ経済学は，私達の日常的なものの見方，あるいは他の社会科学と比べても，社会，組織，個人に対する見方が特殊である。

ミクロ経済学の社会観は，**方法論的個人主義**（原子論的社会観）と言われる。社会の最小単位は個人である（社会は個人の行動とその相互関係から成り立っている）という考えであり，したがって，社会全体の振る舞いはその最小単位である個人に分解して説明できる（**要素還元主義**）という考えである。これは分解された個人を説明の出発点とするだけであって，個人間にまったく関係が生じないように隔離するわけではない（現にミクロ経済学では価格を通じた個人間の調整を考える）が，社会というレベルが独自の性質を持たないということである。

ただし，このような見方が常に通用するとは限らない。もし社会に諸個人の総和によっては説明できない性質や振る舞いがあれば，個人について成立する事柄が社会の全体についても成立すると考えるのは誤り（**合成の誤謬**と言う）となる。マクロ経済学では，そのように社会が諸個人の単なる総和以上の性質や振る舞いを見せることにも注意が払われてきた。たとえば，不況時に個人が節約して貯蓄するのは適切だが，社会の全体にとっては消費が減少して不況を悪化させ，ひいては個人の所得を減少させることになるため適切とは言えない。

次にミクロ経済学の組織観についてみると，伝統的に企業は**生産関数**としてモデル化されてきた。**関数**（函数）とは x が決まれば y が決まるような関係のことであり，$y = f(x)$ のように表す。企業という函に入っていくものは**生産要素**（原材料・労働・資本・土地）であり，**投入**（インプット）と呼ばれる。企業という函から出てくるものは**生産物**（財・サービス）であり，**産出**（アウトプット）

と呼ばれる。投入 x によって産出 y が決まるということである。

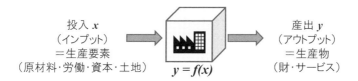

投入 x
（インプット）
＝生産要素
（原材料・労働・資本・土地）

$y = f(x)$

産出 y
（アウトプット）
＝生産物
（財・サービス）

ただし，この企業という函は**ブラックボックス**となっており，その生産物（財・サービス）が企業組織の中でどのように生産されるか，企業組織がどのように運営・管理されているかについては，ほとんど説明しない。企業内部の説明は，伝統的なミクロ経済学が市場全体のメカニズムを説明するには必要ないと考えられていたためである。とは言え，最近では経済学でも，組織の経済学，制度の経済学と呼ばれる分野で，企業組織内部の経済問題も研究されている。

　ミクロ経済学の個人観は，「**経済人**」と呼ばれ，自らの**効用**（満足）や**利潤**（儲け）を最大化できるように合理的に行動する人間である。利己的な行動をとり，自己の利益となる**インセンティヴ**（誘因）に反応する。完全な認知能力（**完全合理性**）を持っており，不確実性や情報不足に直面しない。多くの人に当てはまるであろう行動の原理だけを取り出し単純化した，個性なき人間像である。

家計　　　　　　　　　　　　　　　　　　　　　　　　　　　企業

経済人　　経済人　　　　経済人　　経済人

ただし，効用・利潤を最大化する「経済人」のモデルに対しては，あまりにも合理的で非現実的であるという批判も寄せられてきた。たとえば，経営学者のハーバート・サイモンは，限られた認知能力（**限定合理性**）しか持たず，最大化でなく一定の水準で満足化する「**経営人**」のモデルを提唱した。最近では経

済学でも，情報の経済学，行動経済学，経済心理学，実験経済学といった分野で，より現実に近い経済行動も研究されている。

《考察》

- 社会をバラバラの個人に分解した後，もう一度足し合わせたら元の社会になるだろうか。(ヒント：方法論的集合主義，全体論的社会観，有機体論，創発)
- 伝統的なミクロ経済学でブラックボックスとなっている企業内部を考えることは，どのような場合に重要だろうか。(ヒント：経営学)
- 伝統的なミクロ経済学に登場する「経済人」はモデルとして妥当だろうか。(ヒント：完全合理性，利己性，節減の法則，道具主義，実在論)

第3章
市場メカニズムと需要・供給

1. 市場とは何か

　市場（いちば），市（いち），取引所とは，人々が集まって財やサービスの売買が行われる物理的な場所のことであり，そこで人々はルールに従って競争しながら自由に取引を行っている。他方で特に**市場**（しじょう）と呼ぶ場合，上記の意味にとどまらず，財やサービスの売買が行われる抽象的な場，多くの需要と供給の間の価格による交換関係の全体を指すことが多い。

　もし市場がなかったらどうなるのか。人々が自由に生産を行って取引できる市場がなければ，政府が必要なものの数を計算して生産の計画を立てるしかない。かつて**社会主義計****画経済**をとった国々では，土地や工場といった生産手段が社会（国家）によって所有され（**社会主義**），中央計画当局の計画により，数量の報告・指令に基づいて中央集権的な財・サービスの生産・流通・分配が試みられた（**計画経済**）。しかし，そのような計算に必要な情報は膨大で正確に把握することが不可能なので，必要なものが十分に生産されず不足し，不必要なものが無駄に生産されて余るということが慢性的に生じてしまった。

　他方，現代の多くの国々がとっている**資本主義市場経済**では，土地や工場といった生産手段が私的に所有され（**資本主義**），市場を通じた自由な取引と競争により，市場の価格に基づいて分権的・分散的な財・サービスの生産・流通・分配が行われている（**市場経済**）。価格さえ正確に把握していれば，個々の人々の判断によって必要なものが十分に生産され，不必要なものが生産されなくな

る。特殊な商品の一時的な品薄や，災害等でサプライチェーンが断絶するような事態を除けば，現代の資本主義市場経済で慢性的な品不足が生じることは稀である。

歴史を見れば，資本主義市場経済が社会主義計画経済より優れていることは明らかに思われる。東西冷戦の後，ベルリンの壁崩壊（1989）や旧ソビエト連邦の解体・消滅（1991）などの象徴的な出来事を経て，多くの社会主義国が資本主義に移行していった。また今日では社会主義計画経済でも資本主義市場経済でもない，**社会主義市場経済**をとる国もある。中国の改革・開放政策（1978～，1992～），ベトナムのドイモイ（刷新）（1986～），ラオスの新経済メカニズム（1986～），キューバの新経済改革計画（2011～）などは，社会主義の理念の下で，資源配分のために市場経済を導入する政策である。

市場経済の優れている点とは何か。それはアダム・スミスの言葉を借りれば「見えざる手」である。実はスミスは「見えざる手」について『国富論』では1回述べただけであったが，「見えざる手」の正体が何であるかということは，後の経済学者にとって解明すべき重要な問題となった。今日の経済学によれば，その正体は市場の**価格メカニズム**（価格機構）である。合理的な個人が市場の価格を参照しながら行動すると，財・サービスの**需要量**（消費量）と**供給量**（生産量）が均衡し（釣り合い），社会全体で最適な（効率的な）**資源配分**が実現されるということが明らかになっている。もちろん価格メカニズムにも限界があるが，「**市場の失敗**」と呼ばれるさまざまな事象（独占，情報の非対称性，外部性，公共財，費用逓減産業など）については，後に第10章～第11章で触れることにしよう。

2. 価格メカニズムと需給均衡

ミクロ経済学では，数式やグラフで表した市場のモデルを使って価格メカニズムの働きを分析するが，その際にはいくつかの前提がある。まず，少なくともここでは（第6章までは），1つのグラフは1つの財・サービスの市場のみを表

す。もしパンの市場とおにぎりの市場について考えるならば，パンの市場について1つ，おにぎりの市場について1つのグラフを描かなければならない。また，市場には多数の生産者（企業）と多数の消費者（家計）がいて競争している（**完全競争市場**と言う）。生産者がどのくらい生産するか，消費者がどのくらい消費するかは，現実ではさまざまな事情に左右されるが，ミクロ経済学では「**他の事情が同じならば**」と仮定して，特に**価格**と**数量**（需要量および供給量）の関係に注目する。

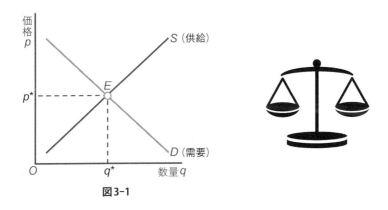

図3-1

　単純化のため，直線だけのグラフで考える（数学では直線も曲線の一種である）。図3-1の縦軸pは価格，横軸qは数量である（以下，アルファベットの頭文字の意味については，巻末参照）。左下のOは原点，つまり価格・数量がともにゼロの点である。価格と需要量の関係をみると，通常，価格が低いほど消費者の購入量が増えるため（購入する消費者の数も増えるため），**需要曲線**は右下がりの曲線（直線）となる。価格と供給量の関係をみると，通常，価格が高いほど生産者の生産量が増えるため（生産する生産者の数も増えるため），**供給曲線**は右上がりの曲線（直線）となる。需要曲線と供給曲線の交点Eは**均衡点**，つまり，需要量と供給量が釣り合う点であり，均衡点の価格は均衡価格p^*，数量は均衡数量q^*と呼ばれる。通常，同一の財・サービスには同一の価格しか成立せず，これを**一物一価の法則**と呼ぶ。同一の財・サービスに異なる価格が付けられて

Marie Esprit Léon Walras
（レオン・ワルラス）
（1834-1910）

いれば，**裁定取引**（低い価格で買って高い価格で売る取引）が生じることにより，価格差はなくなっていくからである。

　市場が均衡の状態にないときには，2つの方法で調整が生じる可能性がある。1つは**価格による調整**であり，**ワルラス的調整過程**とも呼ばれる。グラフでは縦軸の価格を変えながら，その価格のときの横軸の数量（需要量および供給量）を見ていく。図3-2において，価格が均衡価格よりも高い p_1 のときは**超過供給**（需要量＜供給量），つまり，売りたくても売れない生産者が生じている状態（売れ残りの状態）なので，価格が下落する。価格が均衡価格よりも低い p_2 のときは**超過需要**（需要量＞供給量），つまり，買いたくても買えない消費者が生じている状態（売り切れの状態）なので，価格が上昇する。価格が均衡価格 p^* に落ち着くと，均衡点では**需給均衡**（需要量＝供給量），つまり，生産者が売りたいだけ売り，消費者が買いたいだけ買うことができる状態となる。

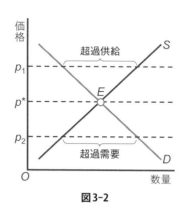

図3-2

　もう1つは**数量による調整**であり，**マーシャル的調整過程**とも呼ばれる。グラフでは横軸の数量を変えながら，その数量のときの需要曲線の高さ（**需要価格**と呼ぶ）と供給曲線の高さ（**供給価格**と呼ぶ）を見ていく。図3-3において，

数量が均衡数量よりも少ない q_1 のとき，需要価格＞
供給価格，つまり，消費者が払ってもよいと思う価格
が生産者が売ってもよいと思う価格を上回っており，
生産者が通常以上の利潤（**超過利潤**）を得られる状態
なので，供給量が増加する。数量が均衡数量よりも多
い q_2 のとき，需要価格＜供給価格，つまり，消費者
が払ってもよいと思う価格が生産者が売ってもよいと
思う価格を下回っており，生産者の利潤がマイナス（**負
の利潤**）の状態なので，供給量が減少する。数量が均

Alfred Marshall
（アルフレッド・マーシャル）
（1842-1924）

衡数量 q^* に落ち着くと，均衡点では需要価格＝供給価格，つまり，消費者が
払ってもよいと思う価格が生産者が売ってもよいと思う価格に等しく，超過利
潤がゼロ（**正常利潤**）の状態となる。

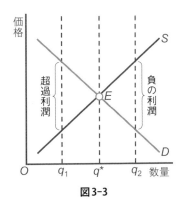

図3-3

現実の市場には，ワルラス的調整過程（価格による調整）とマーシャル的調
整過程（数量による調整）の両方が働いており，その強弱（どちらの調整が速いか）
は市場により異なる。しかし，第6章で説明するように，ミクロ経済学が想定
する完全競争市場では，価格調整には時間がかからず，企業は市場で決まった
価格と現在の生産設備のもとで最適な生産量を選ぶ。もちろん，それにより超
過利潤が生じている市場では，生産設備を拡張する企業や新たに参入する企業

が現れて生産量が増えるだろうし，正常利潤を下回っている市場では，生産設備を削減する企業や市場から退出する企業が現れて生産量が減るだろうが，通常そのような生産設備の変更を伴う数量調整には時間がかかる。したがって，長期的には数量による調整（マーシャル的調整過程）も働くが，短期的には価格による調整（ワルラス的調整過程）が働き，均衡に至ると考える。

3. 社会全体の利益

均衡点で生産・消費を行うことが社会全体にとって望ましいことは，**余剰分析**によって確認できる。財・サービスの生産・消費による費用・便益を社会全体について考えれば，費用は財・サービスの生産者が払う費用であり，便益は財・サービスの消費者が享受する便益である。ここでは社会全体について合算して考えているため，その内訳で消費者が生産者にいくら支払っているか（価格がいくらか）は費用・便益の大きさを左右しない。**消費による便益**（社会全体にとってプラス）から**生産にかかる費用**（社会全体にとってマイナス）を差し引けば，**社会全体の利益**（**社会的余剰**と呼ぶ）がプラスかマイナスかを考えることができる。

$$社会的余剰＝\overset{社会にとっての便益}{消費による便益}－\overset{社会にとっての費用}{生産にかかる費用}$$

もし消費による便益が生産にかかる費用を上回っているならば，社会的余剰はプラスとなり，生産にかかる費用が消費による便益を上回っているならば，社会的余剰はマイナスとなる。この社会的余剰が最大となるような数量を生産・消費することが，社会全体にとって最も望ましい。

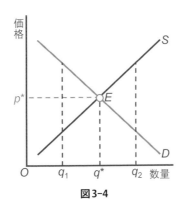

図3-4

　図3-4において，1単位の財・サービスから消費者が見出す便益の大きさは，需要価格（消費者が払ってもよいと思う価格），つまり，横軸（縦軸の値がゼロ）から需要曲線までの高さ（縦軸の値が需要価格）に等しく，これを縦軸（横軸の値がゼロ）から消費する数量までの範囲で考えると面積になる。他方，1単位の財・サービスに生産者が費やす費用の大きさは，供給価格（生産者が売ってもよいと思う最低限の価格），つまり，横軸（縦軸の値がゼロ）から供給曲線までの高さ（縦軸の値が供給価格）に等しく，これを縦軸（横軸の値がゼロ）から生産する数量までの範囲で考えると面積になる。したがって，消費による便益から生産にかかる費用を差し引いた社会的余剰（財・サービスから社会全体が得る利益）も面積となる。

　均衡数量 q^* を生産・消費するとき，消費による便益は縦軸，横軸，需要曲線，q^* を通る垂直な線で囲まれる領域（四角形）となり（図3-5），生産にかかる費用は横軸，供給曲線，q^* を通る垂直な線で囲まれる領域（三角形）となり（図3-6），社会的余剰は縦軸，需要曲線，供給曲線で囲まれる領域（三角形）となる（図3-7）。

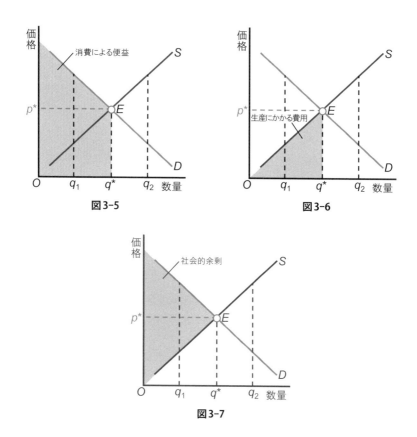

図3-5

図3-6

図3-7

　均衡点より少ないq_1を生産・消費するとき，消費による便益は縦軸，横軸，需要曲線，q_1を通る垂直な線で囲まれる領域（四角形）となり（図3-8），生産にかかる費用は横軸，供給曲線，q_1を通る垂直な線で囲まれる領域（三角形）となり（図3-9），社会的余剰は縦軸，需要曲線，供給曲線，q_1を通る垂直な線で囲まれる領域（四角形）となる（図3-10）。このとき，社会的余剰は均衡数量q^*を生産・消費するときの社会的余剰（図3-7）よりも小さくなっている。

　均衡点より多い数量q_2を生産・消費するとき，消費による便益は縦軸，需要曲線，q_2を通る垂直な線で囲まれる領域（四角形）となり（図3-11），生産にかかる費用は横軸，供給曲線，q_2を通る垂直な線で囲まれる領域（三角形）となり（図3-12），社会的余剰は縦軸，需要曲線，供給曲線で囲まれる領域（三角

形）と供給曲線，需要曲線，q_2 を通る垂直な線で囲まれる領域（三角形）との合計になる（図3-13）。社会的余剰は一見すると増えそうだが，均衡数量 q^* より右の範囲の社会的余剰はマイナスであるため，社会的余剰の全体は均衡数量 q^* を生産・消費するときの社会的余剰（図3-7）よりも小さくなっている。

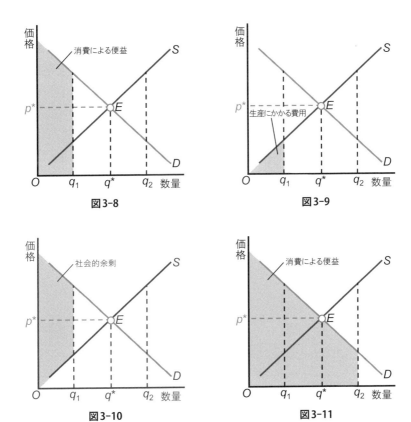

図3-8

図3-9

図3-10

図3-11

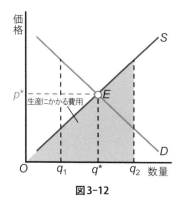

図3-12

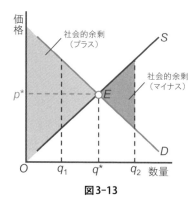

図3-13

　以上より，均衡数量 q^* を生産・消費するとき，社会的余剰が最大になり，社会的に見て最適な資源配分が行われていると言える。

《**計算問題**》

・ある市場の需要曲線が $D = 1000 - p$，供給曲線が $S = p$ であるとき，均衡価格 p^*，均衡数量 q^*，社会的余剰を求めなさい。ただし，D は需要量，S は供給量，p は価格である。

（答え：$p^* = 500$，$q^* = 500$，社会的余剰は250000）

《**考察**》

・市場経済の利点は何だろうか。（ヒント：設計主義，現場の知識，インセンティヴ）
・日常生活のなかでワルラス的調整過程（価格による調整）やマーシャル的調整過程（数量による調整）の実例を見聞きすることはあるだろうか。（ヒント：夕方のスーパー，株式市場，受注生産）

第4章
家計の行動と需要曲線

1. 財・サービスの価値と効用

　水とダイヤモンドはどちらの方が価値が高いか，と聞かれたらどのように答えるだろうか。これはかつてアダム・スミスも取り上げた問題であり，水とダイヤモンドのパラドックス（逆説）として知られている。

> 水ほど有用なものはないが，それでどのような物を購買することもほとんどできないであろうし，またそれと交換にどのような物をえることもほとんどできないであろう。これに反して，ダイヤモンドはどのような使用価値もほとんどないが，それと交換にきわめて多量の財貨をしばしばえることができるであろう。（アダム・スミス著，大内兵衛・松川七郎訳（1965）『諸国民の富（一）』岩波書店，147ページ）

スミスは，水は使用価値は高いが交換価値は低く，ダイヤモンドは使用価値は低いが交換価値は高い，と説明した。**使用価値**とは財・サービスを使用する者にとっての価値，有用性のことであり，**交換価値**とは財・サービスを交換する者にとっての価値，交換比率（相対価格）のことである。スミスに代表される古典派経済学では，財の価値は生産に必要な労働の量によって客観的に決定されるという考え（**労働価値説**）をとっており，使用価値と交換価値という二分法を乗り越えることはできなかった。

　この問題を解決したのは，レオン・ワルラス（Marie Esprit Léon Walras），カール・メンガー（Carl Menger），ウィリアム・スタンレー・ジェヴォンズ（William Stanley Jevons）による**限界革命**であった。財の価値は消費から生じる**効用**（満足度）によって主観的に決定されるという考え（**主観価値説**）がとられ，さらに数学の微積分の導入によって，「**限界**」（微小な変化）という概念が用い

Carl Menger
(1840-1921)

William Stanley Jevons
(1835-1882)

られるようになった。「限界」の概念を用いれば，**総効用**が財・サービスの消費から得られる消費者の効用（主観的な満足度）の全体であるのに対して，**限界効用**とは財・サービスの消費量が1単位増えるときの消費者の効用（主観的な満足度）の増加分のことである。すると，水は総効用が高いが限界効用は低く，ダイヤモンドは総効用が低いが限界効用が高いと説明することができる。豊富な資源である水は，一消費者が保有しうる量が多いので総効用は大きいが，コップ1杯の限界効用は非常に低い。他方，希少な資源であるダイヤモンドは，一消費者が保有しうる量が少ないので総効用は小さいが，石1つの限界効用は非常に高くなる。豊富な財の限界効用は低く，希少な財の限界効用は高くなり，この限界効用の違いが市場価格に反映されていると説明できるようになった。

　もちろん，水が豊富でない状況では事情が違ってくる。砂漠の真ん中ではコップ1杯の水が生死を分けるかもしれず，その希少性がダイヤモンドにも優るかもしれない。そのような状況では，水の限界効用がダイヤモンドの限界効用を大きく上回り，人は水のためにダイヤモンドを差し出すだろう。また，希少性の度合いが同じ状況下でも，ある人にとって限界効用が常に一定であるとは限らない。一般に限界効用は消費量の増加に伴って次第に減少する（**限界効用逓減の法則**）とされているからである。砂漠でも都会でも，喉が渇いているときの水は，1杯目から得られる満足度が最も高く，次の1杯から得られる満足

22

度はやや低くなり，さらに飲み続けていけば，もう水を飲みたくないという状態（限界効用がゼロ）に至るはずである。

2. 家計の行動と個別需要曲線

限界効用とは，追加1単位の財の消費から得られる効用（主観的な満足度）の増加分である。とある一家計Aがパンの消費から得る限界効用が図4-1の**限界効用曲線**のようになっているとしたら，この家計が追加1単位のパンの消費から得る効用（言い換えれば，この家計が追加1単位に払ってもよいと思う最高価格）は次第に下がっていくことが分かる。たとえば，1個目の限界効用は600円，2個目の限界効用は400円，3個目の限界効用は250円である。家計はこれを市場価格（限界支出）と比較して，限界効用≧市場価格のときは購入し，限界効用＜市場価格のときには購入しないというように，追加1単位を購入するか否かを決定すればよい。たとえば，市場価格が200円であれば，この家計は3個目まで購入し，4個目以降は購入しない。このように家計の需要量は，限界効用曲線と**市場価格線**（限界支出線）の交点で決定されることになる。したがって，限界効用曲線はある財の市場価格とその財に対する一家計の需要量との関係を表すため，**個別需要曲線**と呼ぶこともできる。

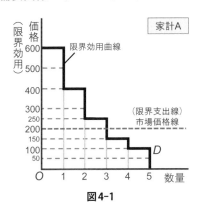

図4-1

以上のような家計の行動は，完全競争市場における個々の家計が**価格決定力**

（価格交渉力）を持たない**プライス・テーカー**（価格受容者）だという仮定に基づいている。完全競争市場では多くの家計が同じ財・サービスを買おうとしているため，一家計が市場価格よりも安い価格で買いたいと主張しても，企業は元の価格で別の家計に売れば済む。したがって家計は，市場で既に決まっている価格を受け容れるしかない。その上で家計は，財・サービスの消費から得られる効用（ひいては消費者余剰）が最大になるような数量を消費する（これを**効用最大化原理**と言う）。一家計の**消費者余剰**は，**総効用**（消費する数量までの限界効用の合計）から**総支出**（支払額）を引いて計算される。

$$\text{一家計の消費者余剰} = \overset{\text{家計にとっての便益}}{\text{総 効 用}} - \overset{\text{家計にとっての費用}}{\text{総 支 出}}$$

たとえば，図4-1において，市場価格が200円のとき，総効用は600＋400＋250＝1,250円，総支出は200×3＝600円，消費者余剰は1,250−600＝650円である。総効用は縦軸，横軸，限界効用曲線，数量3を通る垂直な線で囲まれる領域となり（図4-2），総支出は縦軸，横軸，市場価格線，数量3を通る垂直な線で囲まれる領域（四角形）となるので（図4-3），消費者余剰は縦軸，限界効用曲線，市場価格線で囲まれる領域となる（図4-4）。消費者余剰は家計Aが支払っている金額以上に効用を見出している部分なので，家計Aにとっては大きければ大きい方がよい。

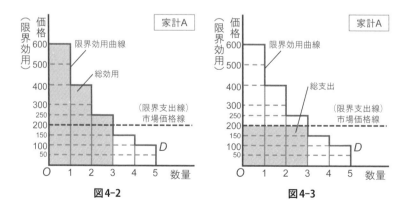

図4-2　　　　　　　　　　図4-3

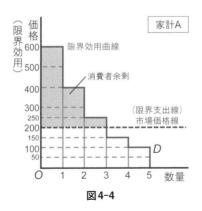

図4-4

3. 個別需要曲線と市場需要曲線

　もちろん，好みが異なる別の家計の個別需要曲線を調べれば，その形は異なるはずである。別のとある一家計Bの個別需要曲線が図4-5のようになっているとしたら，家計Aとは違って1個目の限界効用は500円，2個目の限界効用は300円，3個目の限界効用は150円である。家計Aと同じ市場で同じ財を購入するのであれば市場価格は同じ200円であり，いずれの家計も限界効用＝市場価格になる数量まで財・サービスを需要する。家計Bにとって効用最大化となる数量は2個であり，総効用は500＋300＝800円，総支出は200×2＝400円，消費者余剰は800－400円＝400円である。

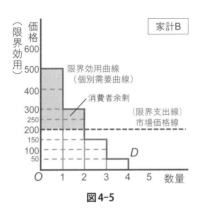

図4-5

すべての家計の個別需要曲線を集計すれば，**市場需要曲線**が得られる。仮に市場に家計Aと家計Bしか消費者がいないとしたら（本当は完全競争市場には多数の消費者がいなければならないが），市場価格がいくらのときに家計Aと家計Bが合計いくつの財を購入するかを調べ，需要量を集計すればよい。家計A・家計Bの個別需要曲線のグラフを見ると，価格が600円のとき，家計Aの需要量は1，家計Bの需要量は0なので，市場全体の需要量は1＋0＝1になる。同様に，価格が500円のときの市場全体の需要量は1＋1＝2，価格が400円のときの市場全体の需要量は2＋1＝3，価格300円のときの市場全体の需要量は2＋2＝4になる（この続きも確認してみて頂きたい）。以上の価格と市場全体の需要量の組み合わせを階段状のグラフにすると，図4-6のような市場需要曲線が得られる。このようにして得られた市場需要曲線は，ある財・サービスの市場価格と，その財・サービスに対する市場全体の需要量との関係を表す。

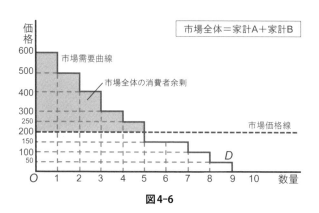

図4-6

　市場全体の消費者余剰は，市場需要曲線のグラフで両家計を合わせた総効用から総支出を差し引くことによって計算できる。市場需要曲線のグラフを見ると価格が200円のときには市場全体で5個需要するため，市場全体（両家計）の総効用は600＋500＋400＋300＋250＝2,050円，総支出は200×5＝1,000円，消費者余剰は2,050－1,000＝1,050円である。あるいは，市場全体の消費者余剰は各家計の消費者余剰の合計になるため，個別需要曲線のグラフで家計A・家計B

の消費者余剰を求め足し合わせることによっても計算できる。家計Aの消費者余剰は650円，家計Bの消費者余剰は400円なので，650＋400＝1,050円である。

　ちなみに，個別需要曲線や市場需要曲線のグラフが階段状になっているのは，パンのように1個単位で取引される財を例に考えているからである。もしパンを0.5個単位で売買できるとしたら，グラフの1段1段の幅が半分になって段の数は倍になるし，ガソリンのように形がなく数量を自由自在に調整できる財の場合にはグラフはなめらかな曲線になる。もっとも，パンのような場合でも，消費者が無数にいて無数のパンが取引されているような市場の需要曲線を描いたとしたら，縮小したときには階段のジグザグが目立たないくらい大きなグラフになるだろう。階段状のグラフは説明のためであって，それぞれの段の右上の点を結んで，なめらかな曲線を描いても構わない。

　一般的に需要曲線は右下がりだが，その傾き具合も重要であり，需要曲線の傾きによって需要の価格弾力性が異なる。**需要の価格弾力性**とは，需要が価格の変化によってどの程度変化するかを示す係数である。計算方法はいくつかあるが，需要曲線上の2点(q_1, p_1)，(q_2, p_2)と中間点を使う方法（中点法）によれば，

$$
需要の価格弾力性 = -\frac{需要の変化率}{価格の変化率} = -\frac{\dfrac{需要の変化量(\Delta q)}{中間点の需要量(q_m)}}{\dfrac{価格の変化量(\Delta p)}{中間点の価格(p_m)}} = -\frac{\dfrac{q_2 - q_1}{\dfrac{q_1 + q_2}{2}}}{\dfrac{p_2 - p_1}{\dfrac{p_1 + p_2}{2}}}
$$

により計算される（デルタ記号Δは変化量，増分という意味）。図4-7の需要曲線は図4-8に比べて傾きが緩やかで，「需要が価格に対して弾力的」（需要の価格弾力性＞1）である場合である。たとえば，海外旅行，電化製品，宝飾品などの**奢侈品**（特に耐久消費財）は，消費者が価格に敏感で，価格が下がったときに各消費者の購入量が増えるため（あるいは，購入する消費者の数が増えるため），需要の価格弾力性が大きくなる。他方，図4-8の需要曲線は図4-7に比べて傾

きが急で，「需要が価格に対して非弾力的」(需要の価格弾力性＜1) である場合である。たとえば，米，野菜，味噌，醤油などの**必需品**(特に非耐久消費財)は，消費者が価格に鈍感で，価格が下がったからといって各消費者の購入量が増えないため (あるいは，購入する消費者の数が増えないため)，需要の価格弾力性が小さくなる。もちろん，現実に何が奢侈品であり何が必需品であるかは消費者の好みの問題であるので，以上で示した分類は一般論にすぎない。

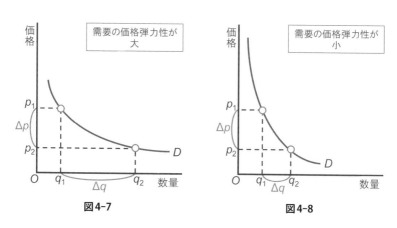

図4-7 　　　　　　　　　　図4-8

　需要曲線は「他の事情が同じならば」という仮定の下で，財・サービスの価格 p と需要量 q の関係だけに注目する。需要関数 $q = D(p)$ として書けば，需要量 q が価格 p により決まるという意味である。需要量が価格によって決まることはモデルの中で通常考えられていることなので，価格 p は需要関数の**内生変数**と呼ばれる。市場で価格が変化するとその価格の下で需要される数量も変化し，グラフでは同じ需要曲線上の別の点に移る (図4-9)。それに対して，価格以外の要因はモデルの中では通常考えられていないことなので，需要関数の**外生変数**と呼ばれる。価格以外の要因 (外生変数) による需要量の変化は，グラフでは需要曲線そのものの**シフト** (平行移動) によって表される。たとえば，好景気によって人々の所得が増えて消費が全般的に増えたとしたら，どのような価格の下でも以前に比べ需要量が増えるため，需要曲線の全体が右にシフトする (図4-10)。逆に，不景気によって人々の所得が減って消費が全般的に減っ

たとしたら，どのような価格の下でも以前に比べ需要量が減るため，需要曲線の全体が左にシフトする（図4-11）。流行り廃りや代替品の価格上昇・下落によって特定の財・サービスの需要量が増えたり減ったりすることも，同じように説明できる。

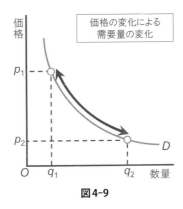

図4-9

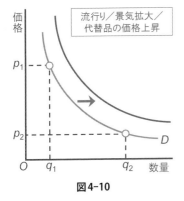

図4-10

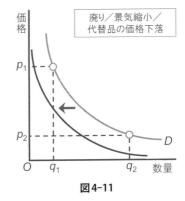

図4-11

- ある完全競争市場において，好みの同じ家計が100おり，各家計の限界効用が $MU = 1000 - 100q$ により表されるとき，(1)価格 p の下で効用最大化するときの1家計の需要量，(2)市場の需要曲線，をそれぞれ求めなさい。ただし，MU は限界効用，q は財の数量であり，市場の価格は p，市場の需要量は D とする。

$$（答え：(1) \, q = 10 - \frac{p}{100}, \quad (2) \, D = 1000 - p）$$

- ある市場の需要曲線が $D = 1000 - p$ であるとき，(1)価格が400，500，600のときの需要量，(2)価格が500のときの消費者余剰，(3)価格が600から400に変化するときの需要の価格弾力性，をそれぞれ求めなさい。ただし，D は需要量，p は価格である。

$$（答え：(1) \, 価格が400のとき \, 600, \quad 価格が500のとき \, 500,$$
$$価格が600のとき \, 400, \quad (2) \, 125000, \quad (3) \, 1）$$

《考察》

- 財・サービスを消費するときに感じる効用の大きさは自分自身で把握できるだろうか。(ヒント：主観価値説)
- 同じ財・サービスを消費するときに感じる効用の大きさは個人間で比べることができるだろうか。(ヒント：効用の個人間比較)
- 日常生活のなかで消費者余剰の大小を実感する場面はあるだろうか。(ヒント：お得感)
- 自分が買い物をする際に価格に敏感な（需要の価格弾力性が大きい）財・サービスとそうでない財・サービスは何だろうか。(ヒント：消費期限，消費の先送り)

第5章
企業の行動と供給曲線

1. 財・サービスの生産費用

　第2章で見たように，ミクロ経済学が企業を生産関数として捉えるとき，企業という函に入っていくものは生産要素（原材料・労働・資本・土地）であり，投入（インプット）と呼ばれる。企業という函から出てくるものは生産物（財・サービス）であり，産出（アウトプット）と呼ばれる。生産要素には生産量に応じて増減するものとそうでないものとがある。必要な原材料や労働は生産量に応じて増減するため，それらにかかる費用は**可変費用**（変動費用）と呼ばれる。他方，資本（生産設備等）や土地は短期では生産量によらず一定，長期では生産量に応じて増減しうると考えるため，それらにかかる費用は少なくとも短期では**固定費用**と呼ばれる。固定費用と可変費用を足し合わせると**総費用**になる。

　レオン・ワルラス，カール・メンガー，ウィリアム・スタンレー・ジェヴォンズの限界革命によって用いられるようになった「限界」（微小な変化）の概念を用いれば，**総費用**が財・サービスの生産のために必要な生産者の費用の全体であるのに対して，**限界費用**とは財・サービスの生産量が1単位増えるときの生産者の費用の増加分のことである。一般に限界費用は生産量の増加に伴って次第に増大するとされている（**限界費用逓増の法則**）。必要な生産要素のうちいずれか1つの生産要素の投入だけを増やしていくと，他の生産要素が制約とな

って生産力は次第に低下していくためである（**限界生産力逓減の法則**）。たとえ
ば，工業の場合，生産設備（固定費用）が一定の下で原材料や労働だけを増や
していっても，徐々に生産設備に無理が生じて，生産量は伸び悩んでいく。農
業の場合，農地が一定の下で肥料や人手だけを増やしていっても，徐々に農地
に無理が生じて，収穫高は伸び悩んでいく。そのような生産量・収穫高の伸び
悩みに対処しようとすると，追加1単位の生産にかかる費用の増加分（限界費用）
は徐々に増大していかざるを得ない（限界費用逓増の法則）。もちろん，生産設
備や土地も含むあらゆる必要な生産要素を自由自在に増やせるならば（あるいは，
増産のために必要な生産要素がごく僅かならば）限界生産力逓減は生じないので，
現実には限界費用が逓増しない場合（限界費用逓減や限界費用一定）もありうる。
そのような場合については第8章で触れるが，ここでは限界費用逓増の場合を
考えよう。

2. 企業の行動と個別供給曲線

　限界費用とは，追加1単位の財の生産にかかる費用の増加分である。とある
一企業Aのパンの生産に必要な限界費用が図5-1の**限界費用曲線**のようになっ
ているとしたら，この企業が追加1単位のパンの生産に必要な費用（言い換え
れば，この企業が追加1単位を売ってもよいと思う最低価格）は次第に上がってい
くことが分かる。たとえば，1個目の限界費用は100円，2個目の限界費用は
150円，3個目の限界費用は250円である。企業はこれを市場価格（限界収入）
と比較して，限界費用≦市場価格のときは生産・販売し，限界費用＞市場価格
のときは生産・販売しないというように，追加1単位を生産・販売するか否か
を決定すればよい。たとえば，市場価格が200円であれば，この企業は2個目

まで生産・販売し，3個目以降は生産・販売しない。このように企業の供給量は，限界費用曲線と**市場価格線**（限界収入線）の交点で決定されることになる。したがって，限界費用曲線はある財の市場価格とその財に対する一企業の供給量との関係を表すため，**個別供給曲線**と呼ぶこともできる。ただし，実際の供給曲線の範囲（特定の価格の下で実際に生産を行うか否か）は，以下で説明する利潤や粗利潤の大きさに左右される。

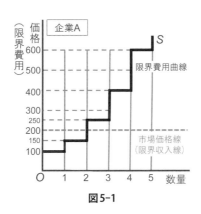

図5-1

　以上のような企業の行動は，完全競争市場における個々の企業が，**価格決定力**（価格支配力）を持たない**プライス・テーカー**（価格受容者）だという仮定に基づいている。完全競争市場では多くの企業が同じ財・サービスを売ろうとしているため，一企業が市場価格よりも高い価格で売りたいと主張しても，家計は元の価格で別の企業から買えば済む。したがって企業は，市場で既に決まっている価格を受け容れるしかない。その上で企業は，財・サービスの生産から得られる利潤（まずは生産者余剰）が最大になるような数量を生産する（これを**利潤最大化原理**と言う）。一企業の**生産者余剰**（粗利潤）は，**総収入**（売上高）から**可変費用**（生産する数量までの限界費用の合計）を引いて計算される。

　一企業の生産者余剰（粗利潤）＝ 総 収 入 － 可 変 費 用

たとえば，図5-1において，市場価格が200円のとき，総収入は $200 \times 2 = 400$ 円，可変費用は $100 + 150 = 250$ 円，生産者余剰は $400 - 250 = 150$ 円である。総収入は縦軸，横軸，市場価格線，数量2を通る垂直な線で囲まれる領域（四角形）となり（図5-2），可変費用は縦軸，横軸，限界費用曲線，数量2を通る垂直な線で囲まれる領域となり（図5-3），生産者余剰は縦軸，市場価格線，限界費用曲線で囲まれる領域となる（図5-4）。

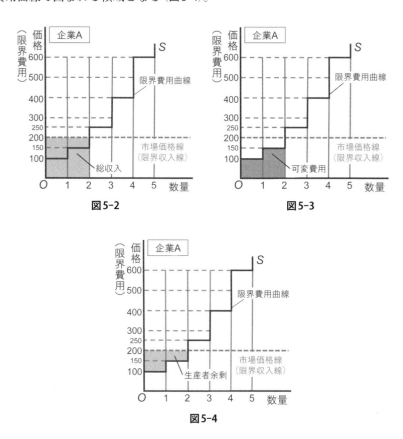

図5-2

図5-3

図5-4

ただし，ここでは総費用のうち固定費用がまだ考えられておらず，固定費用も考慮に入れたのが利潤である。一企業の**利潤**は，**総収入**から**総費用**を引くか，生産者余剰（粗利潤）からさらに固定費用を引いて計算される。

一企業の利潤＝総収入－総費用＝生産者余剰－固定費用

たとえば，固定費用が100円のとき，利潤は総収入から総費用（つまり，可変費用と固定費用の合計）を引いて$200 \times 2 - (250 + 100) = 50$円，あるいは，生産者余剰から固定費用を引いて$150 - 100 = 50$円と計算することができる。このように固定費用がある場合，生産者余剰と利潤は一致しないし，固定費用の大きさによっては生産者余剰がプラスでも利潤はマイナスになりうる。利潤は企業Aが受け取っている金額が費用を上回る部分なので，企業Aにとっては大きければ大きい方がよい。

図5-1についてさまざまな費用概念と利潤を計算すると，表5-1のようになる。

表5-1

生産量 （販売量）	固定 費用 ※1	可変 費用 ※2	総費用 ※3	限界 費用 ※4	平均 固定 費用	平均 可変 費用	平均 費用 ※5	市場価格が200円のとき		
								総収入 ※6	生産者 余剰 ※7	利潤 ※8
0	100	0	100	0	—	—	—	0	0	-100
1	100	100	200	100	100	100	200	200	100	0
2	100	250	350	150	50	125	175	400	150	50
3	100	500	600	250	33.3	166.6	200	600	100	0
4	100	900	1000	400	25	225	250	800	-100	-200
5	100	1500	1600	600	20	300	320	1000	-500	-600

※1　固定費用は総費用のうち生産量によらず一定の部分
※2　可変費用は総費用のうち生産量に応じて増減する部分（生産する数量までの限界費用の合計）
※3　総費用＝固定費用＋可変費用
※4　限界費用は生産量が1単位増えたときの費用の増加分（総費用または可変費用の増加分）
※5　平均費用＝総費用÷生産量
※6　総収入＝価格×生産量
※7　生産者余剰＝総収入－可変費用
※8　利潤＝総収入－総費用　または　利潤＝生産者余剰－固定費用

3. 個別供給曲線と市場供給曲線

もちろん，技術が異なる別の企業の個別供給曲線を調べれば，その形は異なるはずである。別のとある一企業Bの個別供給曲線が図5-5のようになってい

るとしたら，企業Aとは違って1個目の限界費用は50円，2個目の限界費用は100円，3個目の限界費用は150円である。企業Aと同じ市場で同じ財を販売するのであれば市場価格は同じ200円であり，限界費用＝市場価格になる数量まで財・サービスを供給する。企業Bにとって利潤最大化となる数量は3個であり，総収入（売上高）は200×3＝600円，可変費用は50＋100＋150＝300円，生産者余剰は600－300＝300円である。そして，企業Bの固定費用が50円のとき，利潤は300－50＝250円である。

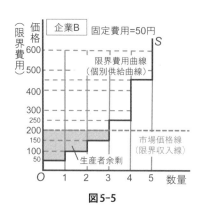

図5-5

すべての企業の個別供給曲線を集計すれば，**市場供給曲線**が得られる。仮に市場に企業Aと企業Bしか生産者がいないとしたら（本当は完全競争市場には多数の生産者がいなければならないが），市場価格がいくらのときに企業Aと企業Bが合計いくつの財を販売するかを調べ，供給量を集計すればよい。企業A・企業Bの個別供給曲線のグラフを見ると，価格が600円のとき，企業Aの供給量は5，企業Bの供給量は5なので，市場全体の供給量は5＋5＝10になる。同様に，価格が550円のときの市場全体の供給量は4＋5＝9，価格が500円のときの市場全体の供給量は4＋5＝9，価格が450円のときの市場全体の供給量は4＋5＝9，価格が400円のときの市場全体の供給量は4＋4＝8のようになる（この続きも確認してみて頂きたい）。以上の価格と市場全体の供給量の組み合わせを階段状のグラフにすると，図5-6のような市場供給曲線が得られる。このよ

うにして得られた市場供給曲線は，ある財・サービスの市場価格と，その財・サービスに対する市場全体の供給量との関係を表す。

　市場全体の生産者余剰は，市場供給曲線のグラフで両企業を合わせた総収入から両企業の可変費用を引くことによって計算できる。市場供給曲線のグラフを見ると価格が200円のときには市場全体で5個供給するため，市場全体（両企業）の総収入は200×5＝1,000円になり，可変費用は50＋100＋100＋150＋150＝550円になるため，生産者余剰は1,000－550＝450円である。あるいは，市場全体の生産者余剰は各企業の生産者余剰の合計になるため，個別供給曲線のグラフで企業A・企業Bの生産者余剰を求め足し合わせることによっても計算できる。企業Aの生産者余剰は150円，企業Bの生産者余剰は300円なので，150＋300＝450円である。

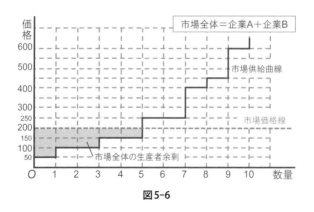

図5-6

　ちなみに，個別供給曲線や市場供給曲線のグラフが階段状になっているのは，パンのように1個単位で取引される財を例に考えているからである。もしパンを0.5個単位で売買できるとしたら，グラフの1段1段の幅が半分になって段の数は倍になるし，ガソリンのように形がなく数量を自由自在に調整できる財の場合にはグラフはなめらかな曲線になる。もっとも，パンの場合でも，生産者が無数にいて無数のパンが取引されているような市場の供給曲線を描いたとしたら，縮小したときには階段のジグザグが目立たないくらい大きなグラフにな

るだろう。階段状のグラフは説明のためであって、それぞれの段の左上の点を結んで、なめらかな曲線を描いても構わない。

　一般的に供給曲線は右上がりだが、その傾き具合も重要であり、供給曲線の傾きによって供給の価格弾力性が異なる。**供給の価格弾力性**とは、供給が価格の変化によってどの程度変化するかを示す係数である。計算方法はいくつかあるが、供給曲線上の2点 (q_1, p_1)、(q_2, p_2) と中間点を使う方法（中点法）によれば、

$$供給の価格弾力性 = \frac{供給の変化率}{価格の変化率} = \frac{\dfrac{供給の変化量(\Delta q)}{中間点の供給量(q_m)}}{\dfrac{価格の変化量(\Delta p)}{中間点の価格(p_m)}} = \frac{\dfrac{q_2 - q_1}{\dfrac{q_1 + q_2}{2}}}{\dfrac{p_2 - p_1}{\dfrac{p_1 + p_2}{2}}}$$

により計算される（デルタ記号 Δ は変化量、増分という意味）。図5-7の供給曲線は図5-8に比べて傾きが緩やかで、「供給が価格に対して弾力的」（供給の価格弾力性＞1）である場合である。たとえば、工業製品などは、生産者が生産量（在庫量）を調整しやすく、価格が上がったときに各生産者が生産量を増やせるため（あるいは、生産する生産者の数が増えるため）、供給の価格弾力性が大きくなる。他方、図5-8の供給曲線は図5-7に比べて傾きが急で、「供給が価格に対して非弾力的」（供給の価格弾力性＜1）である場合である。たとえば、農産物や海産物などは、生産者が生産量（在庫量）を調整しにくく、価格が上がったからといって各生産者が生産量を増やせないため（あるいは、生産する生産者の数が増えないため）、供給の価格弾力性が小さくなる。もちろん、現実にどの財・サービスの生産量（在庫量）が調整しやすいかは生産者の技術の問題であるので、以上に示した分類は一般論にすぎない。

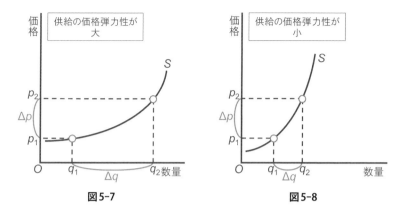

図5-7   図5-8

　供給曲線は「他の事情が同じならば」という仮定の下で，財・サービスの価格pと供給量qの関係だけに注目する。供給関数$q = S(p)$として書けば，供給量qが価格pにより決まることを意味する。供給量が価格によって決まることはモデルの中で通常考えられていることなので，価格pは供給関数の**内生変数**と呼ばれる。市場で価格が変化するとその価格の下で供給される数量も変化し，グラフでは同じ供給曲線上の別の点に移る（図5-9）。それに対して，価格以外の要因はモデルの中では通常考えられていないことなので，供給関数の**外生変数**と呼ばれる。価格以外の要因（外生変数）による供給量の変化は，グラフでは供給曲線そのものの**シフト**（平行移動）によって表される。たとえば，生産技術の進歩によって生産費用が全般的に下がったとしたら，どのような価格の下でも以前に比べ供給量が増えるため，供給曲線の全体が右にシフトする（図5-10）。逆に，原材料価格の高騰や賃金上昇によって生産費用が全般的に上がったとしたら，どのような価格の下でも以前に比べ供給量が減るため，供給曲線の全体が左にシフトする（図5-11）。一部の企業の参入・退出によって供給量が増えたり減ったりすることも同じように説明できる。

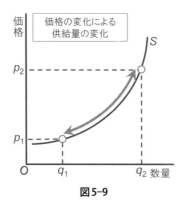

図 5-9

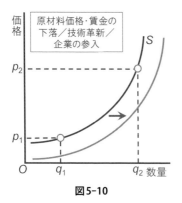

図 5-10

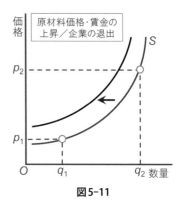

図 5-11

《計算問題》

・ある完全競争市場において，生産要素や技術の同じ企業が100おり，各企業の限界費用が $MC = 100q$ により表されるとき，(1)価格 p の下で利潤最大化するときの1企業の供給量，(2)市場の供給曲線，をそれぞれ求めなさい。ただし，MC は限界費用，q は財の数量であり，市場の価格は p，市場の供給量は S とする。

$$\text{(答え：(1)} \ q = \frac{p}{100}, \ \text{(2)} \ S = p\text{)}$$

・ある市場の供給曲線が $S = p$ であるとき，(1)価格が400，500，600のときの供給量，(2)価格が500のときの生産者余剰，(3)価格が400から600に変化するときの供給の価格弾力性，をそれぞれ求めなさい。ただし，S は供給量，p は価格である。

$$\text{(答え：(1) 価格が400のとき 400，価格が500のとき 500，}$$
$$\text{価格が600のとき 600，(2) 125000，(3) 1)}$$

《考察》

・財・サービスを生産するときに限界費用が逓増するという仮定はどのくらい一般的だろうか。（ヒント：生産設備，土地）
・同じ財・サービスを生産するときに必要な費用は企業間で常に同じになるだろうか。（ヒント：技術，生産規模，生産要素）
・生産者余剰（粗利潤）や利潤の大小は企業の行動をどのように左右するだろうか。（ヒント：参入，退出）
・生産者（販売者）が価格次第で生産量（販売量）を調整しやすい（供給の価格弾力性が大きい）財・サービスとそうでない財・サービスは何だろうか。（ヒント：生産期間，在庫，耐用期間）

第6章
完全競争市場と資源配分

1. 企業の利潤と参入・退出

　第5章で見たように，企業は限界費用＝市場価格となる数量まで生産を行う。図6-1のように，限界費用曲線と市場価格線の交点で生産量が q^* に決まっているとき，価格が分かれば，総収入を計算することができる（総収入＝価格×数量＝ pq）。グラフでは縦軸，横軸，市場価格線，q^* を通る垂直な線で囲まれる領域（四角形）となる（図6-1）。同様に，**平均費用曲線**によって数量 q^* のときの平均費用が分かれば，総費用を計算することができる（総費用＝平均費用×数量＝ aq）。グラフでは縦軸，横軸，a^* を通る水平な線，q^* を通る垂直な線で囲まれる領域（四角形）となる（図6-2）。そして，総収入と総費用が分かれば，**利潤**を計算することができる（利潤＝総収入－総費用＝ $pq - aq$）。グラフでは縦軸，市場価格線，a^* を通る水平な線，q^* を通る垂直な線で囲まれる領域（四角形）となる（図6-3）。

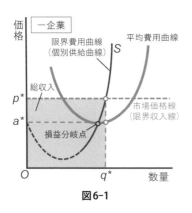

図6-1

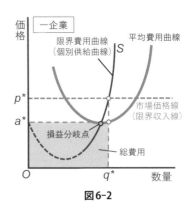

図6-2

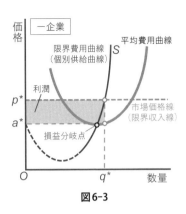

図6-3

　一般的に平均費用曲線はU字型である。平均費用は財・サービス1単位あた
りで平均化した費用（平均費用＝総費用÷生産量）だが，総費用は固定費用と可
変費用からなる（総費用＝固定費用＋可変費用）。財・サービスの生産に生産設
備と原材料・労働が必要なとき，たくさん生産するほど1単位あたりの固定費
用（平均固定費用）は小さくなっていくが，他方で原材料・労働のために必要
な限界費用（それを足し合わせていくと可変費用）は次第に大きくなっていくため，
1単位あたりの可変費用（平均可変費用）は大きくなっていく。したがって，平
均費用には次第に小さくなっていく部分（平均固定費用）と次第に大きくなっ
ていく部分（平均可変費用）が含まれているため，この大小関係がどこかで逆
転してU字型になる。U字型の平均費用曲線の底の部分をちょうど限界費用曲
線が通り，その交点を**損益分岐点**と呼ぶ。

　図6-3のように市場価格が損益分岐点よりも上であるとき，市場価格＞平均
費用となるため，総収入＞総費用，つまり，利潤＞0である。利潤は総費用を
支払っても残るため（超過利潤），長期的にはその超過利潤を使って生産規模（生
産設備）を拡大することができる。市場全体をみたとき，多くの企業で超過利
潤が生じているならば，新たな企業が利潤を得ようとしてその市場（産業）に
参入する。新たな企業が参入すると，市場全体の供給量が増えるため（超過供
給），市場価格が下落するはずである。

　図6-4のように市場価格が損益分岐点よりも下であるとき，市場価格＜平均

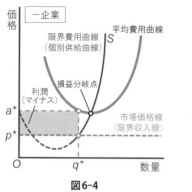

図6-4

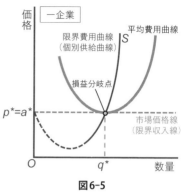

図6-5

費用となるため，総収入＜総費用，つまり，利潤＜0である。利潤は総費用を支払うとマイナスになり，長期的には現在の生産規模（生産設備）を維持することができない。市場全体をみたとき，多くの企業で利潤がマイナスならば，一部の企業が損失を避けようとしてその市場（産業）から**退出**する。一部の企業が退出すると，市場全体の供給量が減るため（超過需要），市場価格が上昇するはずである。

　図6-5のように市場価格がちょうど損益分岐点にあるとき，市場価格＝平均費用となるため，総収入＝総費用，つまり，利潤＝0である。利潤は総費用（可変費用と固定費用）を支払ってゼロになるが，長期的に現在の生産規模（生産設備）を維持することができる。市場全体をみたとき，多くの企業で利潤がゼロならば，その市場（産業）では企業の参入や退出が生じない。他の事情が同じならば，同一市場のすべての企業の利潤がゼロとなる点で**長期均衡**となる。経済学で利潤がゼロと言うとき，支払っている総費用には経営者への報酬（正常利潤）も含まれており，企業がまったく儲かっていないということではない。このとき，各企業は平均費用が最小となる点（1単位あたりを最も安く生産できる最適規模）で生産を行っており，市場全体で最も効率的な生産が実現されていることになる。

　以上のように損益分岐点は，企業の損益の分かれ目（利潤がゼロとなる点）である。

2. 企業の粗利潤と操業

　では，利潤がマイナスの企業は直ちに退出すべきだろうか。それを判断するには**粗利潤**（生産者余剰）も考えなければならない。図6-6のように，限界費用曲線と市場価格線の交点で生産量がq^*に決まっているとき，価格が分かれば，総収入を計算することができる（総収入＝価格×数量＝pq）。グラフでは，縦軸，横軸，市場価格線，q^*を通る垂直な線で囲まれる領域（四角形）となる（図6-6）。同様に，平均可変費用曲線によって数量q^*のときの平均可変費用が分かれば，可変費用を計算することができる（可変費用＝平均可変費用×数量＝bq）。グラフでは縦軸，横軸，b^*を通る水平な線，q^*を通る垂直な線で囲まれる領域（四角形）となる（図6-7）。そして，総収入と可変費用が分かれば，粗利潤（生産者余剰）を計算することができる（粗利潤＝総収入－可変費用＝$pq-bq$）。グラフでは縦軸，市場価格線，b^*を通る水平な線，q^*を通る垂直な線で囲まれる領域（四角形）となる（図6-8）。

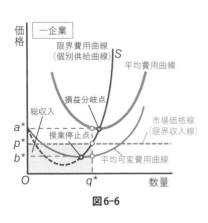

図6-6

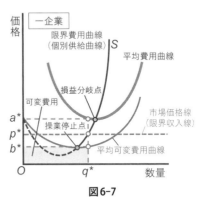

図6-7

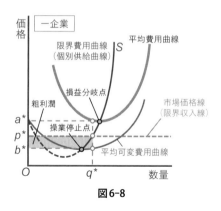

図6-8

　平均費用が財・サービス1単位あたりで平均化した費用（平均費用＝総費用÷生産量）であるのに対して，平均可変費用は財・サービス1単位あたりで平均化した可変費用である（平均可変費用＝可変費用÷生産量）。可変費用が総費用の一部に過ぎないように，平均可変費用も平均費用の一部に過ぎない（平均可変費用は平均費用より小さい）ため，グラフでは平均可変費用曲線は必ず平均費用曲線よりも下を通ることになる。平均可変費用曲線の底の部分をちょうど限界費用曲線が通り，その交点を**操業停止点**と呼ぶ。

　以下，図6-4のように市場価格が損益分岐点よりも下（利潤＜0）の場合をさらに場合分けして考えよう。

　図6-8のように市場価格が損益分岐点より下で操業停止点よりも上にあるとき，平均費用＞市場価格＞平均可変費用となるため，総費用＞総収入＞可変費用，つまり，利潤＜0かつ粗利潤＞0である。利潤がマイナスなので，長期的には生産規模（生産設備）を調整するか市場から退出すべきだが，粗利潤がプラスということは可変費用のすべてと固定費用の一部を回収できるので，短期的には操業を続けるべきである。

　図6-9のように市場価格が損益分岐点より下で操業停止点よりも下にあるとき，平均費用＞平均可変費用＞市場価格となるため，総費用＞可変費用＞総収入，つまり，利潤＜0かつ粗利潤＜0である。利潤がマイナスなので，長期的には生産規模（生産設備）を調整するか市場から退出すべきだが，粗利潤もマ

イナスということは固定費用だけでなく可変費用も回収できないので，短期的にも操業を停止すべきである。

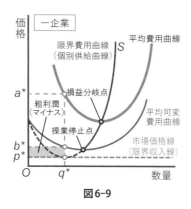

図6-9

　図6-10のように市場価格が損益分岐点より下でちょうど操業停止点にあるとき，平均費用＞市場価格＝平均可変費用となるため，総費用＞総収入＝可変費用，つまり，利潤＜0かつ粗利潤＝0である。利潤がマイナスなので，長期的には生産規模（生産設備）を調整するか市場から退出すべきだが，粗利潤がゼロということは，可変費用のみを回収できて固定費用は回収できないため，短期的には操業してもしなくても変わらない。

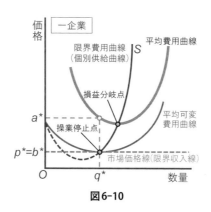

図6-10

以上のように操業停止点は，企業が操業を続けるか否かの分かれ目（粗利潤がゼロの点）である。操業停止点より下では企業は生産をやめるので，その部分は個別供給曲線に含まれないという意味でグラフでは点線になっている。操業停止点よりも下の範囲で個別供給曲線を正確に描くならば，生産量が0である縦軸上（原点から操業停止点の高さまで）に続きの線が引かれることになる。

3. 完全競争市場の資源配分

完全競争市場とは，多数の家計（消費者）が全く同じ財・サービスを需要して競争し，多数の企業（生産者）も全く同じ財・サービスを供給して競争している市場である。個々の家計の限界効用曲線（個別需要曲線）は消費の満足度を表すものなので，その形（各消費量における効用の大小）は需要側の事情（選好等）によって決まり，家計が供給側の事情（たとえば，企業がどのくらい売ってくれるか等）を考慮する必要はない。全消費者の個別需要曲線を集計すると，市場需要曲線になる。同様に個々の企業の限界費用曲線（個別供給曲線）は生産の費用を表すものなので，その形（各生産量における費用の大小）は供給側の事情（技術等）によって決まり，企業が需要側の事情（たとえば，家計がどのくらい買ってくれるか等）を考慮する必要はない。全生産者の個別供給曲線を集計すると，市場供給曲線になる。

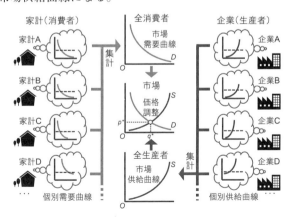

集計された市場需要曲線と市場供給曲線になって初めて需要と供給が関連し，両曲線の交点で市場全体の需要と供給が均衡する（図6-11）。均衡点にない場合，短期では価格による調整（ワルラス的調整過程）が生じ，長期では本章で見たような数量による調整（生産設備の増減や参入・退出によるマーシャル的調整過程）が生じる。

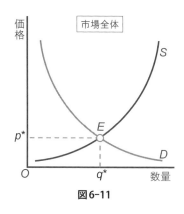

図6-11

　市場において価格が決まれば，個々の家計や企業がその価格を知り，その価格の下で家計は効用最大化となる需要量，企業は利潤最大化となる供給量を個々別々に選択することになる。言い換えれば，需要と供給の調整はすべて価格によって行われるので，個々の家計や企業は市場で決定される価格だけを気にすればよく，需給の相手方の振る舞いについて思い悩む必要はない，というのが完全競争市場のモデルである。個々の家計や企業は，価格決定力（価格交渉力，価格支配力）を持たないプライス・テーカー（価格受容者）であり，市場価格を参照しはするものの，それに影響を及ぼすことはできない。

　各家計が効用最大化を図るとき，どの家計も限界効用曲線と市場価格線の交点（限界効用＝市場価格となる数量）まで消費を行うため（図6-12），全家計の限界効用が市場価格に等しくなるはずである。たとえば，市場価格が200円のパンを多くの家計が消費するとき，それぞれの家計の好みは異なるので買う数は異なるかもしれないが，どの家計についても消費する最後の1個のパンから得る限界効用はほぼ200円になる。すべての家計の限界効用が等しくなるという

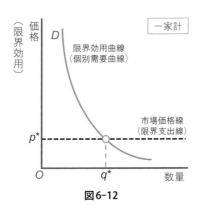

図6-12

ことは，より効率的な消費者への資源配分の仕方がない（現状で最適である）こ
とを意味している。同様に，各企業が利潤最大化を図るとき，どの企業も限界
費用曲線と市場価格線の交点（限界費用＝市場価格となる数量）まで生産を行う
ため（図6-13），全企業の限界費用が市場価格に等しくなるはずである。たとえ
ば，市場価格が200円のパンを多くの企業が生産するとき，それぞれの企業の
技術は異なるので作る数は異なるかもしれないが，どの企業についても生産す
る最後の1個のパンにかかる限界費用はほぼ200円になる。すべての企業の限
界費用が等しくなるということは，より効率的な生産者への資源配分の仕方が
ない（現状で最適である）ことを意味している。

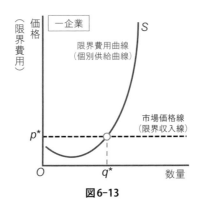

図6-13

　均衡点で生産・消費を行うことが社会全体にとって望ましいということは第

3章の余剰分析で確認したが，ここまでで登場した消費者余剰，生産者余剰の概念を使えばより詳細に確認することができる。

図6-14において，1単位の財・サービスの消費から家計が得る限界効用は，横軸（縦軸の値がゼロ）から需要曲線までの高さ（縦軸の値が需要価格）に等しく，これを縦軸（横軸の値がゼロ）から消費する数量までの範囲で足し合わせると総効用になる。他方，1単位の財・サービスの消費に対し家計が支払う価格は，横軸（縦軸の値がゼロ）から市場価格線までの高さに等しく，これを縦軸（横軸の値がゼロ）から消費する数量までの範囲で足し合わせると総支出になる。総効用から総支出を差し引けば，需要曲線と市場価格線の間の面積が消費者余剰となる（消費者余剰＝総効用−総支出）。均衡点より少ない q_1 を消費するとき，消費者余剰は縦軸，需要曲線，市場価格線，q_1 を通る垂直な線で囲まれる領域となる（図6-14）。均衡数量 q^* を消費するとき，消費者余剰は縦軸，需要曲線，市場価格線，q^* を通る垂直な線で囲まれる領域となり，均衡点より少ない q_1 を消費するときの消費者余剰よりも大きくなる（図6-15）。均衡点より多い数量 q_2 を消費するとき，消費者余剰は縦軸，需要曲線，市場価格線，q^* を通る垂直な線で囲まれる領域と，q^* を通る垂直な線，市場価格線，需要曲線，q_2 を通る垂直な線で囲まれる領域との合計となる。消費者余剰は一見すると増えそうだが，均衡数量 q^* より右の範囲の消費者余剰はマイナスであるため，

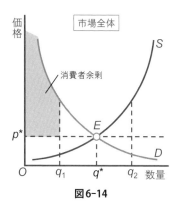

図6-14

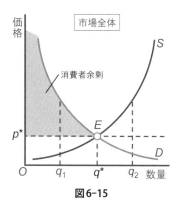

図6-15

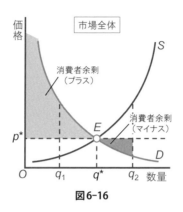

図6-16

消費者余剰の全体は均衡数量 q^* を消費するときの消費者余剰よりも小さくなっている（図6-16）。以上より，均衡数量 q^* を消費するとき，消費者余剰が最大になり，消費者全体にとって最適である。

　図6-17において，1単位の財・サービスの生産に企業が要する限界費用は，横軸（縦軸の値がゼロ）から供給曲線までの高さ（縦軸の値が供給価格）に等しく，これを縦軸（横軸の値がゼロ）から生産する数量までの範囲で足し合わせると可変費用になる。他方，1単位の財・サービスの生産から企業が受け取る価格は，横軸（縦軸の値がゼロ）から市場価格線までの高さに等しく，これを縦軸（横軸の値がゼロ）から生産する数量までの範囲で足し合わせると総収入になる。総収入から可変費用を差し引けば，供給曲線と市場価格線の間の面積が生産者余剰となる（生産者余剰＝総収入－可変費用）。均衡点より少ない q_1 を生産するとき，生産者余剰は縦軸，市場価格線，供給曲線，q_1 を通る垂直な線で囲まれる領域となる（図6-17）。均衡数量 q^* を生産するとき，生産者余剰は縦軸，供給曲線，市場価格線，q^* を通る垂直な線で囲まれる領域となり，均衡点より少ない q_1 を生産するときの生産者余剰よりも大きくなる（図6-18）。均衡点より多い数量 q_2 を生産するとき，生産者余剰は縦軸，市場価格線，供給曲線，q^* を通る垂直な線で囲まれる領域と，q^* を通る垂直な線，供給曲線，市場価格線，q_2 を通る垂直な線で囲まれる領域との合計となる。生産者余剰は一見すると増えそうだが，均衡数量 q^* より右の範囲の生産者余剰はマイナスであるため，

生産者余剰の全体は均衡数量 q^* を生産するときの生産者余剰よりも小さくなっている（図6-19）。以上より，均衡数量 q^* を生産するとき，生産者余剰が最大になり，生産者全体にとって最適である。

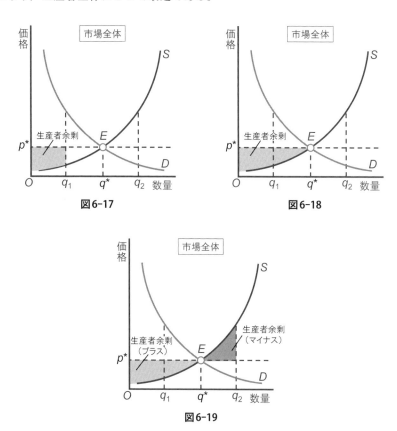

図6-17

図6-18

図6-19

　以上のグラフにおいて，生産者余剰と消費者余剰を足し合わせると社会的余剰になる（社会的余剰＝生産者余剰＋消費者余剰）。均衡点より少ない q_1 を生産・消費するとき，社会的余剰は縦軸，需要曲線，供給曲線，q_1 を通る垂直な線で囲まれる領域となる（図6-20）。均衡数量 q^* を生産・消費するとき，社会的余剰は縦軸，需要曲線，供給曲線，q^* を通る垂直な線で囲まれる領域となり，均衡点より少ない q_1 を生産・消費するときの社会的余剰よりも大きくなる（図

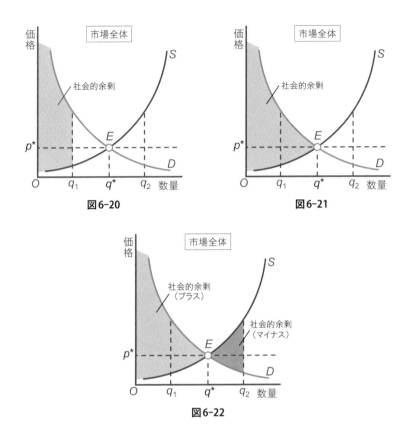

図6-20

図6-21

図6-22

6-21)。均衡点より多い数量 q_2 を生産・消費するとき，社会的余剰は縦軸，需要曲線，供給曲線，q^* を通る垂直な線で囲まれる領域と，q^* を通る垂直な線，供給曲線，需要曲線，q_2 を通る垂直な線で囲まれる領域との合計となる。社会的余剰は一見すると増えそうだが，均衡数量 q^* より右の範囲の社会的余剰はマイナスであるため，社会的余剰の全体は均衡数量 q^* を生産・消費するときの社会的余剰よりも小さくなっている（図6-22）。以上より，均衡数量 q^* を生産・消費するとき，社会的余剰が最大になり，社会全体にとって最適である。

・企業が利潤ゼロの損益分岐点で生産を行うとき，誰にとってどのような利点があるだろうか。(ヒント：生産要素，正常利潤，平均費用)

・現実の市場で完全競争市場のモデルに近い市場はあるだろうか。(ヒント：完全競争市場の成立要件)

・社会的余剰が増える限りは常に生産・消費を増やしてよいのだろうか。(ヒント：外部性，持続可能性)

第7章
無差別曲線と予算制約線

1. 部分均衡分析と一般均衡分析

　家計（消費者）については第4章で既に考えたが，ここまでのモデルでは家計が1種類の財・サービス，つまり1つの市場において行う消費だけを分析していた。他のあらゆる市場を考えずに1つの市場の均衡のみを分析する手法を**部分均衡分析**という。しかし，ここまでのモデルを現実の家計の行動に照らすと，不十分な点がある。そもそも家計は個々の財・サービスの購入量を全く別々に決定しているだろうか。たとえば，肉と魚，米とパン，コーヒーと紅茶のようにどちらを消費するか悩みながら買うもの（**代替財**）もあれば，肉とコショウ，パンとバター，コーヒーと砂糖のように一緒に消費するために買うもの（**補完財**）もある。また，家計は効用が最大になるような数量を実際に買えるだろうか。家計には**所得**があり，その範囲でしか買い物はできないはずである。以上のような点を明らかにするため，ここからのモデルでは複数の市場へと視野を広げて，家計が複数の種類の財・サービスを同時に消費する場合を分析する。あらゆる市場の均衡を同時に分析する手法を**一般均衡分析**という。

　家計を**効用関数** $U = U(q_1, q_2)$ として捉えるとき，これは効用 U が2財の消費量 q_1, q_2 により決まるという意味である。以下，2種類の財・サービスを財1，財2と呼び，財1と財2をそれぞれいくつずつ消費したときに，家計がどのくらいの効用（満足度）を得るかという見方で考えていこう。

生産物　　　　　　　　　　　　　　　　効用
（財・サービス）　　　　　　　　　　　　（満足度）

2.　無差別曲線と予算制約線

　家計が2種類の財を組み合わせて消費するとき，その家計の効用（満足度）
はそれぞれの財をいくつずつ消費するかによって左右される。両方の財が増え
るなら効用は高くなり，両方の財が減るなら効用は低くなりそうだが，一方の
財が増えて他方の財が減るような場合はどうだろうか。効用は高くなるかもし
れないし，低くなるかもしれないし，変わらないかもしれない。この最後の場
合に注目し，家計の効用が同じになるような2財の消費量の組み合わせ（グラ
フ上の点）を結んだ曲線を**無差別曲線**と呼ぶ。1本の曲線の上では，どの点（消
費量の組み合わせ）をとっても効用が区別されない（無差別である）という意味
である。さまざまな消費の仕方を考えれば，効用が低くなる場合から高くなる
場合まで，さまざまな無差別曲線を引くことができる。

　ある一家計の無差別曲線が図7-1のようになっているとき，同一の無差別曲
線上にある点 $A(1,4)$ と点 $B(4,1)$ の効用は同じである。また別の同一の無差
別曲線上にある点 $C(2,6)$ と点 $D(4,3)$ の効用は同じである。異なる無差別曲
線上で比較を行うと，たとえば点 $A(1,4)$，点 $B(4,1)$ の効用は，点 $C(2,6)$，
点 $D(4,3)$ の効用よりも小さい。通常，この図中のどこに点をとってもその点
を通る無差別曲線が存在し（つまり，何らかの数の財1と財2の消費から何らかの
効用が生じ），無差別曲線は右下がりで，互いに交わらず，原点に対して凸（出
っ張った形）となる。また，複数の無差別曲線が描かれているときには，右上
のものほど効用が高くなる。無差別曲線は2財の消費量を軸とするグラフなの
で，右上（右かつ上）に行く（右上の別の無差別曲線に移る）ということは，財1
の消費量も財2の消費量も増えるということである。一般に消費量が多いほど
人の効用は高くなるはずなので，できるだけ右上を通る無差別曲線の方が効用
は高くなるはずである。

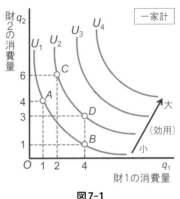

図7-1

　効用（満足度）を表す軸がないグラフで効用の高さを考えていることに違和感があれば，図7-1のグラフの原点Oに垂直に鉛筆を立ててみるとよい。それをこのグラフの3つ目の軸とみなして効用の高さを表すことにしよう。そうすると無差別曲線のグラフは3次元になり，実は原点Oから斜めに盛り上がっていく斜面のような形をしている。元の2次元グラフの右上に行くほど斜面を登っていくようなイメージである。2次元で描かれていた数本の無差別曲線は，この斜面をさまざまな高さで輪切りにした等高線なので，右上の無差別曲線に移るほど効用は高くなっていく。

　無差別曲線が特殊な形になる例は，完全な代替財の場合や完全な補完財の場合である。**代替財**（競争財）とは，一方を減らし他方を増やしても同じ効用が得られる関係にある2財（厳密には他方の財の価格下落で需要が減少する関係にある2財）である。特に完全な代替財の関係にある2財は，常に一定の比率で代替可能であるため，無差別曲線は直線になる。たとえば，財1が五百円玉で財2が千円札である場合（もっとも，これは消費とは言い難いが），図7-2のような無差別曲線になる。五百円玉と千円札は常に2：1の比率の枚数で交換されるので，千円札が0枚のときの五百円玉の枚数（横軸上の端点の数値）が，五百円玉が0枚のときの千円札の枚数（縦軸上の端点の数値）の2倍になるような直線が複数引かれることになる。

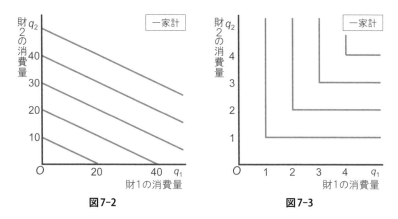

図7-2　　　　　　　　　　　　　　図7-3

補完財とは，両方を同時に消費しないと同じ効用が得られない関係にある2財（厳密には他方の財の価格下落で需要が増大する関係にある2財）である。特に完全な補完財の関係にある2財は，一方だけが増えても効用が上昇しないため，無差別曲線はL字型になる。たとえば，財1が靴の右足側で財2が靴の左足側である場合（もっとも，普通はペアで売買されるが），図7-3のような無差別曲線になる。靴の右足側が1足のままでは左足側が1足，2足，3足……と増えても1足分の効用しか得られず，逆に靴の左足側が1足のままでは右足側が1足，2足，3足……と増えても1足分の効用しか得られないので，効用が同じ点を結んでいくとL字型の線になる。片側が2足の場合，3足の場合……と考えていけば，L字型の線が何本も引かれていくことが分かる。

　通常の2財の関係は，代替性と補完性を兼ね備えている。つまり，ある程度まで代替的で，ある程度まで補完的であるため，無差別曲線は図7-2と図7-3の中間の形状，つまり直線でもL字型でもない，図7-1のような曲線になる。たとえば，パンとそばの関係を考えてみると，どちらを食べるかという代替性がすぐに思い浮かぶが，実際には焼きそばパンのように補完性も兼ね備えていることが分かるだろう。

　一般的に無差別曲線は右下がりだが，その傾き具合も重要であり，無差別曲線の傾きによって限界代替率が異なる。**限界代替率**（財1の財2に関する限界代替率）とは，効用を一定に保つとき，財1の1単位の増加によって代替できる

財2の減少量のことであり，無差別曲線の傾きの反数（符号を逆にした数）である。1本の無差別曲線上で考えると，左上に行けば財2の消費量が増えて財1の消費量が減り，右下に行けば財2の消費量が減って財1の消費量が増える。つまり，1本の曲線上では，効用を一定に保ちながら，2種類の財を取り替えて（代替して）消費するさまざまなパターンを考えていることになる。一方の財の消費量をいくらか減らすと効用が下がってしまうが，その代わりに他方の財の消費量をいくらか増やすと効用を補うことができ，そのときの2財の代替の比率を限界代替率と呼ぶ。この比率は，その家計にとって，一方の財の価値を他方の財の数量で表せば何個分かという評価に他ならない。

たとえば，図7-4のような1本の無差別曲線上において，点Cから点Dに移ると，財1の消費量が2から4に増えると同時に財2の消費量が6から3に減る。このとき，限界代替率（財2の数量で表した財1の評価）を計算すると，

$$限界代替率 = -\frac{\Delta q_2}{\Delta q_1} = -\frac{3-6}{4-2} = \frac{3}{2}$$

である。また，点Dから点Eに移ると，財1の消費量が4から6に増えると同時に財2の消費量が3から2に減る。このとき，限界代替率（財2の数量で表した財1の評価）を計算すると，

$$限界代替率 = -\frac{\Delta q_2}{\Delta q_1} = -\frac{2-3}{6-4} = \frac{1}{2}$$

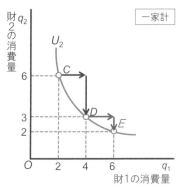

図7-4

である。以上から分かるように，財1の消費量を増やしていくと，限界代替率（財2の数量で表した財1の評価）は減少していく。一般的にいずれの財の消費量を増やしていっても，その財の相対的な評価（限界代替率）は下がっていく（**限界代替率逓減の法則**）。一方の財の消費量が増えるにつれて，その家計にとっては他方の財が相対的に貴重になっていくからである。

　他方で考えなければならないのは，家計がどのくらいの予算（つまりは所得）を持っているかということである。**予算制約線**はそのために描かれ，2財を組み合わせて消費する際の予算上の制約を表す。予算（**所得**）が Y，2財の価格が p_1, p_2，2財の消費量が q_1, q_2 のとき，予算制約線を表す式は $p_1q_1 + p_2q_2 = Y$ である。

　たとえば，図7-5は予算が4,800円，財1の価格が800円，財2の価格が600円のときの予算制約線 $800q_1 + 600q_2 = 4800$ を表している。予算制約線上の点 $F(0,8)$ は財2のみで予算をちょうど使い切る消費の仕方，点 $G(6,0)$ は財1のみで予算をちょうど使い切る消費の仕方，点 $H(3,4)$ は2財で予算をちょうど使い切る消費の仕方である。原点と予算制約線の間にある点 $I(2,2)$ のような点は予算が余る消費の仕方であり，予算制約線よりも右上にある点 $J(6,8)$ のような点は予算が足りなくなる消費の仕方である。予算制約線の傾きの反数（符号を逆にした数）は**2財の価格比**によって決まり，図7-5の場合，

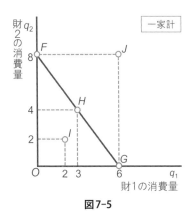

図7-5

２財の価格比　$\dfrac{p_1}{p_2} = \dfrac{800}{600} = \dfrac{4}{3}$

のように計算される。

　以上の無差別曲線と予算制約線とを組み合わせると，家計が2種類の財・サービスを消費する場合の効用最大化について考えることができる。図7-6において，予算制約線と無差別曲線が接する点 H は，予算制約の下で最も効用が高くなる消費の仕方である。点 A，点 B は点 H よりも効用が低い無差別曲線上にある。予算制約線よりも左下にあり，予算が余っているので，支出を増やして消費を増やせばさらに効用を高められる。点 C，点 D，点 L は点 H よりも効用が高い無差別曲線上にあるが，予算制約線よりも右上にあるので予算が足りない。点 J，点 K は点 H よりも効用が低い無差別曲線上にある。点 H と同様に予算制約線上にあるが，予算の配分（2財の消費量のバランス）を変えて点 H に近づければ，同額の支出でさらに効用を高められる。このように考えていくと，家計の効用が最大となるのは予算制約線と無差別曲線が接する点である。

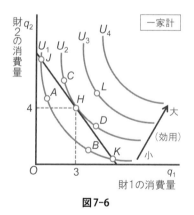

図7-6

　効用最大点 H では，予算制約線と無差別曲線が接していることから，予算制約線の傾き（2財の価格比の反数）と無差別曲線の傾き（限界代替率の反数）が等しく，

　価格比　$\dfrac{p_1}{p_2} = -\dfrac{\Delta q_2}{\Delta q_1}$　限界代替率

となっている。これはその家計の中での2財に対する評価（限界代替率）が市場での2財に対する評価（価格比）に等しくなっていることを意味する。

　以上のように家計は，無差別曲線によって表される2財に対する相対的な評価（好み）と予算制約線によって表される予算（所得）の下で，効用が最大になる2財の消費量の組み合わせを選んで消費を行い，市場価格の下での一家計の需要量が決定される。

3. 所得・価格の変化と需要

　無差別曲線と予算制約線を用いれば，家計の所得や市場の価格が変化したときの需要量の変化を考えることもできる。

　家計の所得（予算）が増えると，財1の消費量を増やすこと（右への移動），もしくは財2の消費量を増やすこと（上への移動）が可能になるため，予算制約線が右上にシフト（平行移動）する。このとき，所得増加前の効用最大点で消費し続けると予算が余ってしまい，効用最大化することができない。予算制約線が変化したときには，変化後の予算制約線に接する無差別曲線を新たに見つけて，再び予算制約線と無差別曲線が接する点が効用最大点となる。所得の増加によって図7-7のように予算制約線と無差別曲線が変化したとしたら，効用最

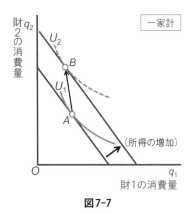

図7-7

大点は点Aから点Bへと変化する。このとき，点Bは点Aよりも左かつ上にあることから，財1の消費量は減少し，財2の消費量は増加していることが分かる。

所得の増加によって消費量が減る財は**下級財**（劣等財），所得の増加によって消費量が増える財は**上級財**（正常財）と呼ばれる。現実の多くの財・サービスは上級財であり，上級財はさらに**奢侈品**（消費量の増加率が所得の増加率を上回る財）と**必需品**（消費量の増加率が所得の増加率を下回る財）に分類される。現実において下級財は希である。たとえば，かつては高価なバターの代用品としてマーガリンが選ばれたり，高価なエアコンの代用品として扇風機が選ばれたりしていたので，所得が増えてマーガリンや扇風機が買われなくなれば下級財であると言えた。しかし今日ではマーガリンも扇風機も高品質・高機能化しており，バターとマーガリンの両方，エアコンと扇風機の両方を購入して使い分ける消費者も多かろう。格安だけが売りで質がよいとは言えない財・サービスや，パッケージ・付属品等を簡素にした廉価版などは，所得が増えれば買わなくなるかもしれないので，今日でも通用する下級財の例かもしれない。

さて他方で，財・サービスの価格が下落した場合は，価格が下落した財の消費量を増やすことが可能になるため，価格が下落した財の側が外側に広がるように予算制約線が回転する。このとき，価格下落前の効用最大点で消費し続けると予算が余ってしまい，効用最大化することができない。予算制約線が変化

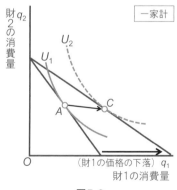

図7-8

したときには，変化後の予算制約線に接する無差別曲
線を新たに見つけて，再び予算制約線と無差別曲線が
接する点が効用最大点となる。財1の価格の下落によ
って図7-8のように予算制約線と無差別曲線が変化し
たとしたら，効用最大点は点Aから点Cへと変化する。

Eugene Slutsky
（エウゲニー・スルツキー）
（1880-1948）

　2財のうち一方の財の価格が下落すれば，他方の財
に比べて買いやすくなるが，浮いたお金でむしろ他方
の財を買うこともできるかもしれない。相対的に高く
なった財の代わりに安くなった財の消費量が増える効
果を**代替効果**と呼び，実質的に増加した所得によっていずれかの財の消費量が
増える効果を**所得効果**と呼ぶ。代替効果と所得効果は，**スルツキー分解**という
方法でグラフ上に見出すことができる。図7-9のように，価格変化後の予算制
約線と平行な予算制約線を変化前の無差別曲線に接するように引き，その接点
を中間的な消費点Bとみなす。すると，A→Cという変化は，A→Bの変化
とB→Cの変化に分解できる。B→Cの変化を見ると，これは予算制約線が平
行移動しているので，所得増加の場合（図7-7）と同じ効果，つまり所得効果で
あることが分かる。残りのA→Bの変化は，価格が高くなった財から安くな
った財へと乗り換える代替効果である。

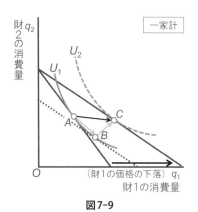

図7-9

4. 所得消費曲線と価格消費曲線

　所得消費曲線（エンゲル曲線）とは，家計の所得と消費量の関係を表す曲線である。図7-7では，所得の変化によって2財の消費量が変化した。この変化を各財について所得・消費量を2軸とするグラフに書き直せば，所得消費曲線になる。所得消費曲線の傾きは，**需要の所得弾力性**と呼ばれ，2点 (q_1, Y_1)，(q_2, Y_2) と中間点を使う方法（中点法）によれば，次の式で計算される。

$$需要の所得弾力性 = \frac{需要の変化率}{所得の変化率} = \frac{\dfrac{需要の変化量（\Delta q）}{中間点の需要量（q_m）}}{\dfrac{所得の変化量（\Delta Y）}{中間点の所得（Y_m）}} = \frac{\dfrac{q_2 - q_1}{\dfrac{q_1 + q_2}{2}}}{\dfrac{Y_2 - Y_1}{\dfrac{Y_1 + Y_2}{2}}}$$

需要の所得弾力性がプラスであれば上級財であり，特に需要の所得弾力性＞1の場合は奢侈品，需要の所得弾力性＜1の場合は必需品である。需要の所得弾力性がマイナスであれば下級財である。

　上級財の場合，所得が増えるにつれて消費量が増えるので，所得消費曲線は右上がりになる。上級財のうち奢侈品の場合，所得の変化に対する消費量の変化が大きいため，全体的に傾きは緩やかになる（図7-10）。上級財のうち必需品

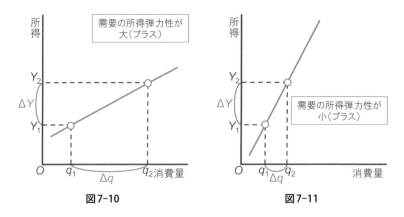

図7-10　　　　　　　　　　　　　　　　図7-11

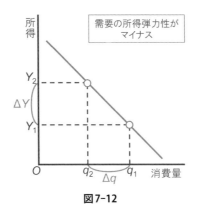

図7-12

の場合，所得の変化に対する消費量の変化が小さいため，全体的に傾きは急になる（図7-11）。下級財の場合，所得が増えるにつれて消費量が減るので，所得消費曲線は右下がりになる（図7-12）。

　他方，**価格消費曲線**とは，市場価格と家計の消費量の関係を表す曲線である。図7-8では，価格の変化によって2財の消費量が変化した。この変化を各財について価格・消費量を2軸とするグラフに書き直せば，価格消費曲線になる。しかしこれはいわゆる需要曲線に他ならない。価格消費曲線（需要曲線）の傾きの反数（符号を逆にした数）は，需要の価格弾力性と呼ばれ，2点 (q_1, p_1)，(q_2, p_2) と中間点を使う方法（中点法）によれば，次の式で計算された。

$$需要の価格弾力性 = -\frac{需要の変化率}{価格の変化率} = -\frac{\dfrac{需要の変化量（\Delta q）}{中間点の需要量（q_m）}}{\dfrac{価格の変化量（\Delta p）}{中間点の価格（p_m）}} = -\frac{\dfrac{q_2 - q_1}{\dfrac{q_1 + q_2}{2}}}{\dfrac{p_2 - p_1}{\dfrac{p_1 + p_2}{2}}}$$

通常，需要の価格弾力性はプラスであり，特に需要の価格弾力性＞1の場合は奢侈品，需要の価格弾力性＜1の場合は必需品である。需要の価格弾力性がマイナスとなるのは**ギッフェン財**の場合である。

　通常の財は，価格が下落するにつれて消費量が増えるので，価格消費曲線（需

要曲線）は右下がりになる。特に奢侈品の場合，価格の変化に対する消費量の変化が大きいため，全体的に傾きは緩やかになる（図7-13）。必需品の場合，価格の変化に対する消費量の変化が小さいため，全体的に傾きは急になる（図7-14）。ギッフェン財は，価格が下落するにつれて消費量が減るので，価格消費曲線（需要曲線）は右上がりになる（図7-15）。図7-9では，ある財の価格が相対的に下落したとき，他の財の代わりにその財を購入するようになる効果（代替効果）と，浮いたお金でいずれかの財を購入するようになる効果（所得効果）が生じた。ギッフェン財は，代替効果よりも所得効果が大きい場合，つまり，価格が安くなってその財が売れる以上に，他の財の購入にお金が回ってしまう場合であり，その結果，価格が下落したときに需要量が減少する。

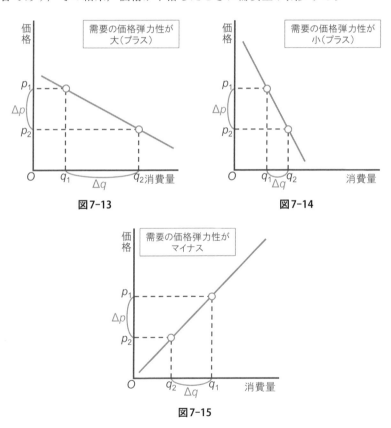

図7-13

図7-14

図7-15

・無差別曲線による効用の大小関係の捉え方は，第4章の効用の捉え方とどのように異なるだろうか。(ヒント：基数的効用，序数的効用)
・自分の普段の買い物で代替財と補完財は何だろうか。(ヒント：代用，併用)
・自分が使えるお金が増えたら買わなくなるようなものはあるだろうか。(ヒント：下級財)

第8章
等産出量曲線と等費用曲線

1. 部分均衡分析と一般均衡分析

　企業（生産者）については第5章で既に考えたが，ここまでのモデルでは企業が1種類の財・サービス，つまり1つの市場において行う生産だけを分析していた。他のあらゆる市場を考えずに1つの市場の均衡のみを分析する手法を**部分均衡分析**という。しかし，ここまでのモデルを現実の企業の行動に照らすと，不十分な点がある。そもそも企業が財・サービスを生産する方法は1つだろうか。たとえば，同じ財・サービスであっても多くを手作業により生産する方法もあれば，多くを機械化して生産する方法もあるかもしれない。また，企業が特定の産出量の財・サービスを生産するためには，どのくらいの**投入物**（生産要素）が必要だろうか。たとえば，人手はどのくらい必要で，機械はどのくらい必要だろうか。以上のような点を明らかにするため，ここからのモデルでは複数の市場へと視野を広げて，企業が生産のために複数の種類の生産要素を同時に投入する場合を分析する。あらゆる市場の均衡を同時に分析する手法を**一般均衡分析**という。

　一般的に生産要素の代表として**資本**（生産設備等），**労働**（人手）の2種類を考

える。企業を**生産関数** $Y = Y(K, L)$ として捉えるとき，これは**産出量** Y が2生産要素の**投入量**（資本 K，労働 L）により決まるという意味である。以下，資本と労働をそれぞれいくつずつ投入したときに，企業がどのくらいの生産物を作れるかという見方で考えていこう。

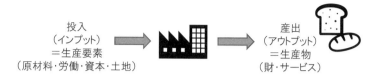

投入
（インプット）
＝生産要素
（原材料・労働・資本・土地）

産出
（アウトプット）
＝生産物
（財・サービス）

2. 等産出量曲線と等費用曲線

　企業が2種類の生産要素を組み合わせて財を生産するとき，その企業の産出量（生産量）はそれぞれの生産要素をいくつずつ投入するかによって左右される。両方の生産要素が増えるなら産出量は大きくなり，両方の生産要素が減るなら産出量は小さくなりそうだが，一方の生産要素が増えて他方の生産要素が減るような場合はどうだろうか。産出量は大きくなるかもしれないし，小さくなるかもしれないし，変わらないかもしれない。この最後の場合に注目し，企業の産出量が同じになるような2生産要素（労働と資本）の投入量の組み合わせ（グラフ上の点）を結んだ曲線を**等産出量曲線**（等量曲線）と呼ぶ。1本の曲線の上では，どの点（投入量の組み合わせ）をとっても産出量が等しいという意味である。さまざまな生産の仕方を考えれば，産出量が小さくなる場合から大きくなる場合まで，さまざまな等産出量曲線を引くことができる。

　ある一企業の等産出量曲線が図8-1のようになっているとき，同一の等産出量曲線上にある点 $A(10, 40)$ と点 $B(40, 10)$ の産出量は同じである。また別の同一の等産出量曲線上にある点 $C(20, 60)$ と点 $D(40, 30)$ の産出量は同じである。異なる等産出量曲線上で比較を行うと，たとえば点 $A(10, 40)$，点 $B(40, 10)$ の産出量は，点 $C(20, 60)$，点 $D(40, 30)$ の産出量よりも小さい。通常，この図中のどこに点をとってもその点を通る等産出量曲線が存在し（つまり，何らかの数の労働と資本の投入から何らかの数の生産物が生じ），等産出量曲線は右下がりで，互いに交わらず，原点に対して凸（出っ張った形）となる。また，複数の等産出量曲線が描かれているときには，右上のものほど産出量が大きくなる。等産出量曲線は2生産要素の投入量を軸とするグラフなので，右上（右かつ上）

に行く（右上の別の等産出量曲線に移る）ということは，生産要素1（労働）の投入量も生産要素2（資本）の投入量も増えるということである。一般に生産要素の投入量が多いほど産出量は大きくなるはずなので，できるだけ右上を通る等産出量曲線の方が産出量が大きくなるはずである。

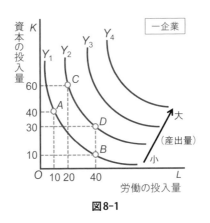

図8-1

　産出量（生産量）を表す軸がないグラフで産出量の大きさを考えていることに違和感があれば，図8-1のグラフの原点Oに垂直に鉛筆を立ててみるとよい。それをこのグラフの3つ目の軸とみなして産出量の大きさを表すことにしよう。そうすると等産出量曲線のグラフは3次元になり，実は原点Oから斜めに盛り上がっていく斜面のような形をしている。元の2次元グラフの右上に行くほど斜面を登っていくようなイメージである。2次元で描かれていた数本の等産出量曲線は，この斜面をさまざまな高さで輪切りにした等高線なので，右上の等産出量曲線に移るほど産出量は大きくなっていく。

　等産出量曲線が特殊な形になる例は，完全に代替的な生産要素や完全に補完的な生産要素の場合である。**代替的な生産要素**とは，一方を減らし他方を増やしても同じ産出量が得られる関係にある2生産要素である。特に完全に代替的な関係にある2生産要素は，常に一定の比率で代替可能であるため，等産出量曲線は直線になる。たとえば，印刷所において生産要素1が2倍速の輪転機（印刷機の一種），生産要素2が1倍速の輪転機である場合，図8-2のような等産出

量曲線になる。輪転機（2倍速）と輪転機（1倍速）は常に1：2の比率の台数で代わりになり得るので，輪転機（2倍速）が0台のときの輪転機（1倍速）の台数（縦軸上の端点の数値）が，輪転機（1倍速）が0台のときの輪転機（2倍速）の台数（横軸上の端点の数値）の2倍になるような直線が複数引かれることになる。

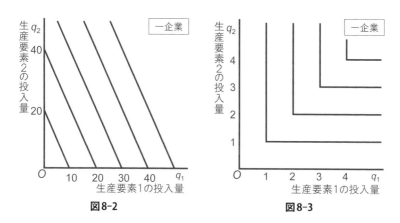

図8-2　　　　　　　　　　　　　　図8-3

　補完的な生産要素とは，両方を同時に投入しないと同じ産出量が得られない関係にある2生産要素である。特に完全に補完的な関係にある2生産要素は，一方だけが増えても産出量が増えないため，等産出量曲線はL字型になる。たとえば，縫製工場において生産要素1が縫製工で生産要素2がミシンである場合（ただし，ミシン1台に必ず1人の縫製工が必要な場合），図8-3のような等産出量曲線になる。縫製工が1人のままではミシンが1台，2台，3台……と増えてもミシン1台分の産出量しか得られず，逆にミシンが1台のままでは縫製工が1人，2人，3人……と増えても縫製工1人分の産出量しか得られないので，産出量が同じ点を結んでいくとL字型の線になる。縫製工が2人の場合，3人の場合……，ミシンが2台の場合，3台の場合……と考えていけば，L字型の線が何本も引かれていくことが分かる。

　通常の2生産要素の関係は，代替性と補完性を兼ね備えている。つまり，ある程度まで代替的で，ある程度まで補完的であるため，等産出量曲線は図8-2と図8-3の中間の形状，つまり直線でもL字型でもない，図8-1のような曲線

になる。たとえば，労働と資本の関係を考えてみると，機械化によって人手を減らすという代替性がすぐに思い浮かぶが，実際には完全な機械化ができない生産の現場も多く，補完性も兼ね備えていることが分かる。生産要素の代替性がどの程度生じるかは産業によって異なる。**資本集約的農業**（先進国）と**労働集約的農業**（途上国）のように同じ産業でも代替的な生産方法が可能な場合もあれば，**資本集約的産業**（鉄鋼，石油化学）と**労働集約的産業**（繊維，雑貨）のように産業の特性によって労働と資本の比重が概ね決まる場合もある。

　一般的に等産出量曲線は右下がりだが，その傾き具合も重要であり，等産出量曲線の傾きによって限界代替率が異なる。**限界代替率**（労働の資本に関する限界代替率）とは，産出量を一定に保つとき，労働の1単位の増加によって代替できる資本の減少量のことであり，等産出量曲線の傾きの反数（符号を逆にした数）である。1本の等産出量曲線上で考えると，左上に行けば資本の投入量が増えて労働の投入量が減り，右下に行けば資本の投入量が減って労働の投入量が増える。つまり，1本の曲線上では，産出量を一定に保ちながら，2種類の生産要素を取り替えて（代替して）生産するさまざまなパターンを考えていることになる。一方の生産要素の投入量をいくらか減らすと産出量が下がってしまうが，その代わりに他方の生産要素の投入量をいくらか増やすと産出量を補うことができ，そのときに2生産要素の代替の比率を限界代替率と呼ぶ。この比率は，その企業にとって，一方の生産要素の貢献度を他方の生産要素の数量で表せば何単位分かということに他ならない。

　たとえば，図8-4のような1本の等産出量曲線上において，点Cから点Dに移ると，労働（人手）の投入量が20から40に増えると同時に資本（機械）の投入量が60から30に減る。このとき，限界代替率（資本の数量で表した労働の生産への貢献度）を計算すると，

$$限界代替率 = -\frac{\Delta K}{\Delta L} = -\frac{30-60}{40-20} = \frac{3}{2}$$

である。また，点Dから点Eに移ると，労働（人手）の投入量が40から60に増えると同時に資本（機械）の投入量が30から20に減る。このとき，限界代替率

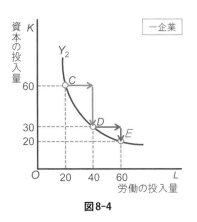

図8-4

（資本の数量で表した労働の生産への貢献度）を計算すると，

$$限界代替率 = -\frac{\Delta K}{\Delta L} = -\frac{20-30}{60-40} = \frac{1}{2}$$

である。以上から分かるように，労働の投入量を増やしていくと，限界代替率（資本の数量で表した労働の生産への貢献度）は減少していく。一般的にいずれの生産要素の投入量を増やしていっても，その財の相対的な生産への貢献度（限界代替率）は下がっていく（**限界代替率逓減の法則**）。一方の生産要素の投入量が増えるにつれて，その企業にとっては他方の生産要素が相対的に貴重になっていくからである。

　他方で考えなければならないのは，企業での生産にどのくらいの費用がかかるかということである。**等費用曲線**はそのために描かれ，2つの生産要素（資本，労働）を組み合わせて生産に投入する際の費用を表す。総費用がTC，**資本レンタル料**（資本の価格）がr，**賃金**（労働の価格）がw，資本の投入量がK，労働の投入量がLのとき，等費用曲線を表す式は$rK + wL = TC$である。

　たとえば，図8-5は資本レンタル料が60，賃金が80のときの等費用曲線を3本例示している。総費用が2400のときの等費用曲線$60K + 80L = 2400$，総費用が4800のときの等費用曲線$60K + 80L = 4800$，総費用が7200のときの等費用曲線$60K + 80L = 7200$である。家計の予算制約線は1本であったが，企業の等費用曲線はさまざまな総費用の場合を考えなければならない。総費用を1

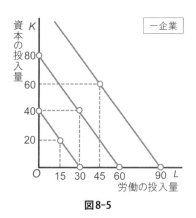

図8-5

通りに決めてその下で可能な生産を目指すのではなく，総費用次第で可能となるさまざまな生産の仕方を検討するためである。家計で言えば，所得が段階的に変化した場合の予算制約線を考えているに等しい。等費用曲線の式のKに0を代入すれば横軸上の端点の数値，Lに0を代入すれば縦軸上の端点の数値を求めることができる。等費用曲線の傾きの反数（符号を逆にした数）は**2生産要素の価格比**によって決まり，図8-5の場合，

要素価格比 $\dfrac{w}{r} = \dfrac{80}{60} = \dfrac{4}{3}$

のように計算される。

　以上の等産出量曲線と等費用曲線とを組み合わせると，企業が2種類の生産要素を投入して生産する場合の利潤最大化について考え始めることができる。図8-6において，等費用曲線と等産出量曲線が接する点Hは，産出量Y_1を生産するときに総費用が最も小さい生産の仕方（最も原点に近い等費用曲線と接する点）である。たとえば，点F，点Gは点Hと同じ等産出量曲線上にあるが，点Hよりも右上の等費用曲線上にあるため，同じ産出量により大きな総費用がかかる生産の仕方である。このように考えていくと，企業の総費用が最小となるのは等費用曲線と等産出量曲線が接する点であり，点Hは産出量Y_1を生産するときの費用最小点，点Iは産出量Y_2を生産するときの費用最小点，点Jは産出量Y_3を生産するときの費用最小点である（図8-7）。

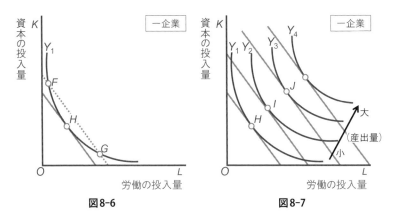

図8-6

図8-7

費用最小点 H, I, J では，等費用曲線と等産出量曲線が接していることか
ら，等費用曲線の傾き（2生産要素の価格比の反数）と等産出量曲線の傾き（限界
代替率の反数）が等しく，

要素価格比　　$\dfrac{w}{r} = -\dfrac{\Delta K}{\Delta L}$　　限界代替率

となっている。これはその企業の中での労働と資本の生産への貢献度（限界代
替率）が市場での労働と資本に対する評価（価格比）に等しくなっていること
を意味する。

　以上のように，企業はまず利潤最大化の前提として，等産出量曲線が示す各

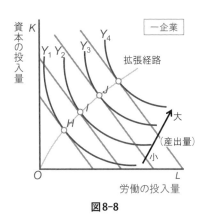

図8-8

産出量の下で費用が最小になる2生産要素の投入量の組み合わせを見出す。企業が目標とする産出量が異なれば費用最小点も異なるため，左下の原点（産出量ゼロ）から出発して産出量を増やしていくと，さまざまな費用最小点を結んだ軌跡（通り道）は図8-8の**拡張経路**のようになる。

拡張経路（産出量と投入量の関係）を費用の観点からみるため，労働投入量と資本投入量の組み合わせから総費用（$TC = rK + wL$）を計算し，産出量と総費用を2軸とするグラフに書き直せば，総費用曲線（産出量と総費用の関係）になる。

3. 総費用曲線と総収入曲線

総費用曲線は，産出量（生産量）に応じて必要な総費用（ただし，費用が最小となる仕方で生産した場合の費用）を表す。総費用曲線において傾き（横軸の数量1の増加に対し縦軸の値がどのくらい増えるか）を調べれば，それは限界費用（追加1単位の生産にかかる費用の増加分）である。一般的に，限界費用は生産量の増加に伴って始めのうち逓減（徐々に減少）し，その後，逓増（徐々に増加）する。生産設備に対して生産量が少なすぎると生産効率が悪いが，生産量が増えていくと生産効率が良くなっていき，しかし，生産設備に対して生産量が多すぎると生産効率が悪くなるためである。そのような限界費用（総費用曲線の傾き）の変化をたどると，総費用曲線は逆S字型になる（図8-9）。

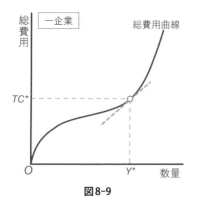

図8-9

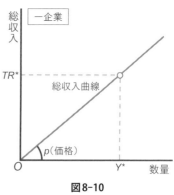

図8-10

総収入曲線は，産出量（生産量）に応じて得られる総収入（＝価格×数量）を表す。総収入曲線において傾き（横軸の数量1の増加に対し縦軸の値がどのくらい増えるか）を調べれば，それは**限界収入**（追加1単位の生産による収入の増加分）である。完全競争市場の場合，企業はプライス・テーカー（価格受容者）であるので，限界収入は常に市場価格に等しい。したがって，限界収入（総収入曲線の傾き）が一定であるため，総収入曲線は直線になる（図8-10）。

以上の総費用曲線と総収入曲線を用いると，企業の利潤最大化を考えることができる。一企業の**利潤**は，

一企業の利潤＝総収入－総費用 （$\pi = TR - TC$）

により計算され，総収入と総費用の差（総収入曲線と総費用曲線の縦軸方向の距離）に注目することになる。図8-11において，点Bや点Cでは総収入曲線と総費用曲線が交わっているため（総収入＝総費用），利潤はゼロである。また，原点から点Bまでの範囲，点Cよりも右の範囲では，総収入曲線が総費用曲線よりも下方にあるため（総収入＜総費用），利潤はマイナスである。利潤がプラスとなるのは点Bと点Cの間の範囲であり，総収入曲線から総費用曲線が最も離れる点Aで利潤は最大となる。このとき，点Aにおける接線の傾き（総費用曲線の傾き）は総収入曲線の傾きに等しく，

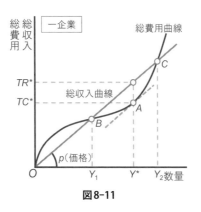

図8-11

限界費用＝限界収入＝市場価格

が成立している。これは第5章でも確認した利潤最大化の条件である。

　以上のように，企業は等産出量曲線と等費用曲線により費用最小化した生産方法（2生産要素の投入量のさまざまな組み合わせ）を見出した上で，利潤が最大となる生産量を選んで生産を行い，市場価格の下での一企業の供給量が決定される。

4. 生産関数と総費用曲線

　生産関数とは，産出量が生産要素の投入量により決まる関係を表すものであった。通常，投入量を増やせば産出量は増えていくが，どのように増えていくか，限界生産力（生産要素が1単位増えたときの産出量の増分）にも注目しなければならない。

　図8-12は規模に関する収穫逓減の場合の生産関数である。投入量の増加にともなう産出量の増分が徐々に減少するので（**限界生産力逓減**），生産関数は上に凸（出っ張った形）の曲線になる。たとえば，農林水産業ではこのような生産関数が見られる。これを**規模の不経済**と呼ぶこともある。

　図8-13は規模に関する収穫一定の場合の生産関数である。投入量の増加にともなう産出量の増分が常に一定なので（**限界生産力一定**），生産関数は直線になる。たとえば，軽工業ではこのような生産関数が見られる。

　図8-14は規模に関する収穫逓増の場合の生産関数である。投入量の増加にともなう産出量の増分が徐々に増大するので（**限界生産力逓増**），生産関数は下に凸（出っ張った形）の曲線になる。たとえば，重化学工業やソフトウェア産業ではこのような生産関数が見られる。これを**規模の経済**と呼ぶこともある。

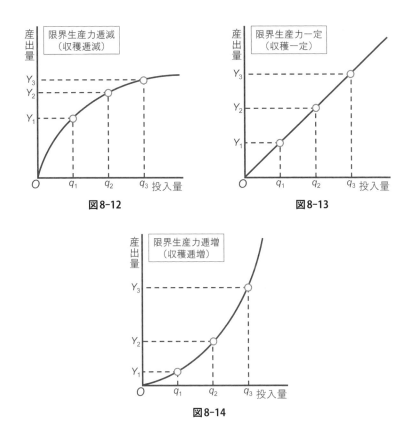

図8-12

図8-13

図8-14

　以上のことを費用の観点から考えるとどのようになるだろうか。限界生産力（生産要素が1単位増えたときの産出量の増分）が大きいか小さいか，言い換えれば，追加1単位を生産しやすいか否かは，限界費用（追加1単位を生産するときの総費用の増分）にも表れてくるはずである。

　図8-15は**規模に関する収穫逓減**の場合の総費用曲線である。生産量の増加にともなう総費用の増分が徐々に増大するので（**限界費用逓増**），総費用曲線は下に凸（出っ張った形）になる。

　図8-16は**規模に関する収穫一定**の場合の総費用曲線である。生産量の増加にともなう総費用の増分が常に一定なので（**限界費用一定**），総費用曲線は直線になる。

図8-17は**規模に関する収穫逓増**の場合の総費用曲線である。生産量の増加にともなう総費用の増分が徐々に減少するので（**限界費用逓減**），総費用曲線は上に凸（出っ張った形）になる。

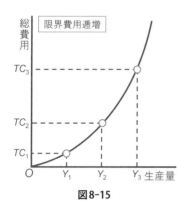

図8-15

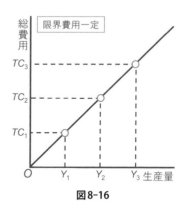

図8-16

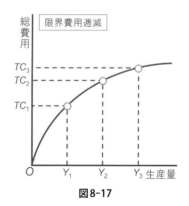

図8-17

┌─《考察》═══════════════════════════════════
│
│ ・資本集約的な生産方法と労働集約的な生産方法の両方が可能な財・サービス
│ 　はあるだろうか。（ヒント：機械化）
│ ・規模に関する収穫逓増が見られる産業の共通点は何だろうか。（ヒント：固定
│ 　費用，研究開発，限界費用）
│
└───────────────────────────────────────

第9章
一般均衡と資源配分

1. 複数の家計による効用最大化と交換の利益

第7章の無差別曲線と予算制約線を用いて，複数の家計の効用最大化を考えるとどうなるだろうか。たとえば，パンの市場価格が50円，おにぎりの市場価格が100円のときの家計A，家計Bの無差別曲線と予算制約線が図9-1，図9-2のようになっているとしよう。

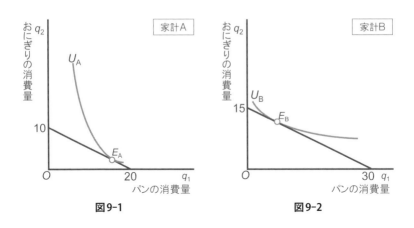

図9-1　　　　　　　　　　　図9-2

家計A，家計Bの予算制約線の違いは，両家計の予算の違いを表している。図9-1によれば，家計Aはパン20個またはおにぎり10個でちょうど予算を使い切ることから，家計Aの予算は1,000円である。他方，図9-2によれば，家計Bはパン30個またはおにぎり15個でちょうど予算を使い切ることから，家計Bの予算は1,500円である。

家計A，家計Bの無差別曲線の違いは，両家計の好みの違いを表している。図9-1の無差別曲線の形は垂直に近く，限界代替率（無差別曲線の傾きの反数）

が大きい。これは家計Aにとって，おにぎりの数量で表したパンの評価が総じて高く，少ないパンが多くのおにぎりの代替となり得るということ，つまり家計Aが総じてパン好きであることを意味する（それでも右下に行くにつれてパンの相対的評価は低くなる）。他方，図9-2の無差別曲線の形は水平に近く，限界代替率（無差別曲線の傾きの反数）が小さい。これは家計Bにとって，パンの数量で表したおにぎりの評価が総じて高く，少ないおにぎりが多くのパンの代替となり得るということ，つまり家計Bが総じておにぎり好きであることを意味する（それでも左上に行くにつれておにぎりの相対的評価は低くなる）。

家計Aの効用最大点E_Aではおにぎりよりパンの消費量が多く，家計Bの効用最大点E_Bではパンよりおにぎりの消費量が多いが，いずれの家計の効用最大点においても予算制約線の傾き（の反数）と無差別曲線の傾き（の反数）は等しくなっているため，

　　2財の価格比＝家計Aの限界代替率＝家計Bの限界代替率＝……

が成立している。これは市場にもっと多くの家計がいたとしても，すべての家計について成立し，各家計の中での2財に対する評価（限界代替率）が市場での2財に対する評価（価格比）に等しくなっていることを意味する。各家計が複数の種類の財・サービスについて効用最大化するとき，市場価格に応じて各家計の需要量が決定されるということである。

もし各家計の保有する数量（初期保有量）が各家計にとって最適な消費の仕方とならないときは，どのような調整が生じ得るのか。現代の経済では市場価格を媒介として各家計の消費量が調整されているが，単純化のため，**物々交換**を考えてみる。たとえば，家計Aがパン10個とおにぎり20個を保有し，家計Bがパン20個とおにぎり10個を保有しているとき，各家計はそれぞれ図中の点Cにおり（図9-3，図9-4），点Cを通る無差別曲線は点Cで消費を行う場合の効用を表している。このとき，家計Aから家計Bへおにぎり10個を渡し，家計Bから家計Aへパン10個を渡すと，各家計はそれぞれ図中の点Cから

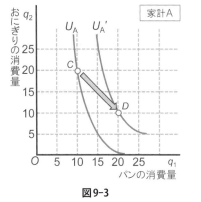

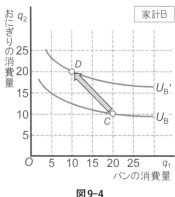

図9-3   図9-4

点Dへと移り，点Dを通る無差別曲線は点Dで消費を行う場合の効用を表している。どちらの家計の無差別曲線も右上に移っていることから，この物々交換は両家計にとって効用が増大する望ましい取引であり，資源がより適切に配分されることが分かる。

　もし両家計の効用が増大するのではなく，一方の家計の効用のみが増大し，他方の家計の効用が変わらないとしても，交換は行われるべきである。他の家計の効用を悪化させず，少なくとも一家計の効用が改善するような場合，**パレート改善**（パレートが考えた意味の改善）であると言う。仮に100の家計がいて，そのうち99の家計で状況が変わらなくても，一家計さえ状況が改善すれば，それはパレート改善である。逆に99の家計で状況が改善しても，一家計でも状況が悪化するのであれば，それはパレート改善ではない。経済学では，パレート改善が可能な限りそれは行うべきであると考える。可能な限りのパレート改善が既に行われており，他の家計の効用を悪化させずにはどの一家計の効用も改善できない場合（改善し尽くした場合），そのような現状を**パレート最適**であると言う。

　上記のような交換で重要なのは，交換するものに対する評価（好みによる）が家計A，家計Bで

Vilfredo Federico Damaso Pareto
（ヴィルフレード・パレート）
（1848-1923）

異なっているということである。おにぎり好きとパン好きのように、互いにとって評価が違う状況でこそ交換が有益であり、パレート改善になり得るのである。当初の資源配分（互いが何をいくつ保有しているか）によってその時点での限界代替率（当家計にとってどちらが相対的に大事か）が決まり、相対的に大事でない方を交換に差し出す。もし評価（好み）がまったく同じパン好き（またはおにぎり好き）が2人いたら、上記の交換を行ってもパレート改善にはならない。このような交換による資源配分の改善は、物々交換ではなく貨幣を媒介した取引においても（しかも遥かに効率的に）生じていることである。

2. 複数の企業による費用最小化と交換の利益

　第8章の等産出量曲線と等費用曲線を用いて、複数の企業の費用最小化を考えるとどうなるだろうか。たとえば、賃金（労働の市場価格）が50円、資本レンタル料（資本の市場価格）が100円のときの企業A、企業Bの等産出量曲線と等費用曲線が図9-5、図9-6のようになっているとしよう。

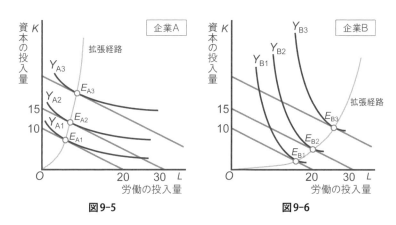

図9-5　　　　　　　　　　　　　図9-6

　企業A、企業Bの等費用曲線は同じである。企業A、企業Bの等産出量曲線の違いは、両企業の技術の違いを表している。図9-5の等産出量曲線の形は水平に近く、限界代替率（等産出量曲線の傾きの反数）が小さい。これは企業Aに

とって，資本の数量で表した労働の貢献度が総じて低く，少ない資本が多くの労働の代替となり得るということ，つまり企業Aが総じて資本集約的であることを意味する（それでも左上に行くにつれて資本の相対的貢献度は低くなる）。他方，図9-6の等産出量曲線の形は垂直に近く，限界代替率（等産出量曲線の傾きの反数）が大きい。これは企業Bにとって，資本の数量で表した労働の貢献度が総じて高く，少ない労働が多くの資本の代替となり得るということ，つまり企業Bが労働集約的であることを意味する（それでも右下に行くにつれて労働の相対的貢献度は低くなる）。

　企業Aの費用最小点 E_{A1}, E_{A2}, E_{A3} では労働より資本の投入量が多く，企業Bの費用最小点 E_{B1}, E_{B2}, E_{B3} では資本より労働の投入量が多いが，いずれの企業の費用最小点においても等費用曲線の傾き（の反数）と等産出量曲線の傾き（の反数）は等しくなっているため，

　2生産要素の価格比＝企業Aの限界代替率＝企業Bの限界代替率＝……

が成立している。これは市場にもっと多くの企業がいたとしても，すべての企業について成立し，各企業の中での2生産要素の貢献度（限界代替率）が市場での2生産要素に対する評価（価格比）に等しくなっていることを意味する。各企業が複数の生産要素について費用最小化するとき，市場価格に応じて各企業の投入量が決定されるということである。

　もし各企業の保有する数量（初期保有量）が各企業にとって最適な生産の仕方とならないとき，どのような調整が生じ得るのか。現代の経済では市場価格を媒介として各企業の投入量が調整されているが，単純化のため，**物々交換**を考えてみる。たとえば，企業Aが労働20単位と資本5単位を保有し，企業Bが労働5単位と資本20単位を保有しているとき，各企業はそれぞれ図中の点Cにおり（図9-7，図9-8），点Cを通る等産出量曲線は点Cで生産を行う場合の産出量を表している。このとき，企業Aから企業Bへ労働5単位を渡し，企業Bから企業Aへ資本5単位を渡すと，各企業はそれぞれ図中の点Cから点Dへと

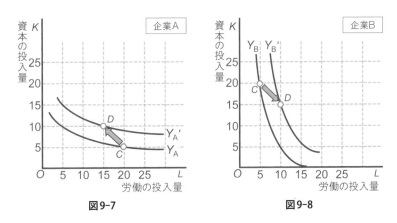

図9-7　　　　　　　　　　　　　　　図9-8

移り，点 D を通る等産出量曲線は点 D で生産を行う場合の産出量を表してい
る。どちらの企業の等産出量曲線も右上に移っていることから，この物々交換
は両企業にとって産出量が増大する望ましい取引であり，資源がより適切に配
分されることが分かる。

　もし両企業の産出量が増大するのではなく，一方の企業の産出量のみが増大
し，他方の企業の産出量が変わらないとしても，交換は行われるべきである。
他の企業の産出量を悪化させず，少なくとも一企業の産出量が改善するような
場合，**パレート改善**（パレートが考えた意味の改善）であると言う。仮に100の
企業がいて，そのうち99の企業で状況が変わらなくても，一企業さえ状況が
改善すれば，それはパレート改善である。逆に99の企業で状況が改善しても，
一企業でも状況が悪化するのであれば，それはパレート改善ではない。経済学
では，パレート改善が可能な限りそれは行うべきであると考える。可能な限り
のパレート改善が既に行われており，他の企業の産出量を悪化させずには，ど
の一企業の産出量も改善できない場合（改善し尽くした場合），そのような現状
を**パレート最適**であると言う。

　上記のような交換で重要なのは，交換するものの生産への貢献度（生産技術
による）が企業A，企業Bで異なっているということである。資本集約的企業
と労働集約的企業のように，互いにとって生産への貢献度が違う状況でこそ交
換が有益であり，パレート改善になり得るのである。当初の資源配分（互いが

何をいくつ保有しているか）によってその時点での限界代替率（当企業にとって
どちらが相対的に大事か）が決まり，相対的に大事でない方を交換に差し出す。
もし生産への貢献度（生産技術）がまったく同じ資本集約的企業（または労働集
約的企業）が2社いたら，上記のような交換を行ってもパレート改善にはなら
ない。このような交換による資源配分の改善は，物々交換ではなく貨幣を媒介
した取引においても（しかも遥かに効率的に）生じていることである。

3. 消費における資源配分

　図9-9は，経済全体に存在している2財（財1，財2）
の総量を，家計Aと家計Bに配分する仕方（各家計の
消費量）を考えるための**エッジワース・ボックス・ダ
イアグラム**と呼ばれる図である。財1の総量（ボック
スの横幅）と財2の総量（ボックスの縦幅）を家計Aと
家計Bで分けるとき，左下から家計Aの取り分を数え
るならば，家計Bの取り分（総量マイナス家計Aの取り
分）は右上を原点（ゼロ）として数えることができる。
ボックスの中に点Cのような点を1つ打てば，その点

Francis Ysidro Edgeworth
（フランシス・イシドロ・
エッジワース）
（1845-1926）

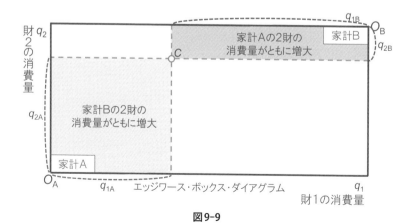

エッジワース・ボックス・ダイアグラム

図9-9

は家計Aと家計Bの間の配分（各家計の財1・財2の消費量）を表す。点Cに比べて家計Aの2財の消費量がともに増大するのは点Cよりも右上の領域（境界線含まず）であり，家計Bの2財の消費量がともに増大するのは点Cよりも左下の領域（境界線含まず）である。

　図9-10において，点Cを通るように描かれている2本の曲線は，点Cで2財を分け合うときの家計A，家計Bの効用を示す無差別曲線である。家計Aにとっての原点は左下，家計Bにとっての原点は右上なので，両家計の無差別曲線は180度ひっくり返した状態で交わっている。描かれている無差別曲線から見てさらに原点から離れるほど（家計Aにとっては右上に行くほど，家計Bにとっては左下に行くほど），各家計の効用は増大する。したがって，点Cに比べて両家計の効用がともに増大するのは，両家計の無差別曲線で囲まれる領域（無差別曲線上は含まず）であり，パレート改善となるのは，両家計の無差別曲線で囲まれる領域（無差別曲線上を含む）である。

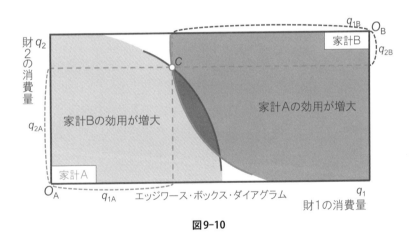

図9-10

　できる限りのパレート改善を試みて交換を続ければ，両家計は互いの無差別曲線が接する点で2財が配分されるように交換するはずである。図9-11において，たとえば点Cから点E_2に移れば，家計Aは原点から遠い無差別曲線U_{A2}に移るので効用が増大し，家計Bは同じ無差別曲線上で効用が変わらないため，

パレート改善となる。同じように，たとえば点Dから点E_2に移れば，家計Bは原点から遠い無差別曲線U_{B2}に移るので効用が増大し，家計Aは同じ無差別曲線上で効用が変わらないため，パレート改善となる。両家計の無差別曲線が接する点E_2では，一方の家計が効用を増やそうとすると他方の家計の効用が減ってしまうため，パレート改善となる別の資源配分は存在しない。

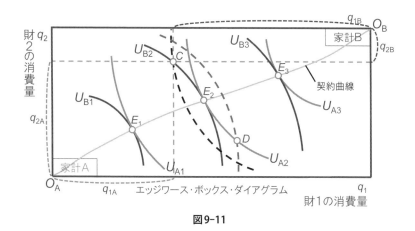

図9-11

両家計のさまざまな無差別曲線のパターンを考えると，両家計の無差別曲線が接する点も無数にあり，それらの点を結んだ線を**契約曲線**と呼ぶ。契約曲線上では資源配分がパレート最適となっており，両家計が互いに納得する資源配分で交換を行える（契約が成立する）。ここでは物々交換の場合を考えてきたが，貨幣を媒介した取引においても，各家計が市場価格にしたがって効用最大化していれば，すべての家計の限界代替率が2財の価格比に等しくなり，このような最適な資源配分が実現されることになる。

4. 生産における資源配分

図9-12は，経済全体に存在している2生産要素（労働，資本）の総量を，企業Aと企業Bで配分する仕方（各企業の投入量）を考えるためのエッジワース・

ボックス・ダイアグラムと呼ばれる図である。労働の総量（ボックスの横幅）と資本の総量（ボックスの縦幅）を企業Aと企業Bで分けるとき、左下から企業Aの取り分を数えるならば、企業Bの取り分（総量マイナス企業Aの取り分）は右上を原点（ゼロ）として数えることができる。ボックスの中に点Cのような点を1つ打てば、その点は企業Aと企業Bの間の配分（各企業の労働・資本の投入量）を表す。点Cに比べて企業Aの2生産要素の投入量がともに増大するのは点Cよりも右上の領域（境界線含まず）であり、企業Bの2生産要素の投入量がともに増大するのは点Cよりも左下の領域（境界線含まず）である。

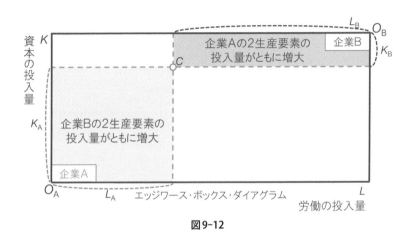

図9-12

　図9-13において、点Cを通るように描かれている2本の曲線は、点Cで2生産要素を分け合うときの企業A、企業Bの産出量を示す等産出量曲線である。企業Aにとっての原点は左下、企業Bにとっての原点は右上なので、両企業の等産出量曲線は180度ひっくり返した状態で交わっている。描かれている等産出量曲線から見てさらに原点から離れるほど（企業Aにとっては右上に行くほど、企業Bにとっては左下に行くほど）、各企業の産出量は増大する。したがって、点Cに比べて両企業の産出量がともに増大するのは、両企業の等産出量曲線で囲まれる領域（等産出量曲線上は含まず）であり、パレート改善となるのは、両企業の等産出量曲線で囲まれる領域（等産出量曲線上を含む）である。

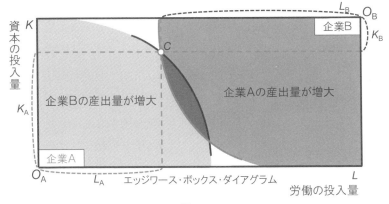

図9-13

　できる限りのパレート改善を試みて交換を続ければ，両企業は互いの等産出
量曲線が接する点で2生産要素が配分されるように交換するはずである。図
9-14において，たとえば点Cから点E_2に移れば，企業Aは原点から遠い等産
出量曲線Y_{A2}に移るので産出量が増大し，企業Bは同じ等産出量曲線上で産出
量が変わらないため，パレート改善となる。同じように，たとえば点Dから
点E_2に移れば，企業Bは原点から遠い等産出量曲線Y_{B2}に移るので産出量が
増大し，企業Aは同じ等産出量曲線上で産出量が変わらないため，パレート
改善となる。両企業の等産出量曲線が接する点E_2では，一方の企業が産出量

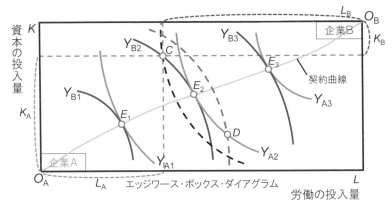

図9-14

を増やそうとすると他方の企業の産出量が減ってしまうため，パレート改善となる別の資源配分は存在しない。

　両企業のさまざまな等産出量曲線のパターンを考えると，両企業の等産出量曲線が接する点も無数にあり，それらの点を結んだ線を契約曲線と呼ぶ。契約曲線上では資源配分がパレート最適となっており，両企業が互いに納得する資源配分で交換を行える（契約が成立する）。ここでは物々交換の場合を考えてきたが，貨幣を媒介した取引においても，各企業が市場価格にしたがって費用最小化していれば，すべての企業の限界代替率が2生産要素の価格比に等しくなり，このような最適な資源配分が実現されることになる。

《考察》
・日常生活の中でパレート改善となる（他の誰の状況も悪化させずに，少なくとも1人の状況を改善できる）ような状況はあるだろうか。（ヒント：資源の浪費）
・パレート最適な資源配分であれば公平だと言えるだろうか。（ヒント：効率性，公平性）

第10章
独占と独占的競争

1. 供給独占市場

　供給独占市場（売り手独占市場）とは，市場に売り手が1社しかいない市場のことである。供給独占市場では，通常，多数の家計（消費者）が全く同じ財・サービスを需要しており，全消費者の個別需要曲線を集計すると，市場需要曲線になる。他方，その財・サービスを供給している企業（生産者）は1社しかいないため，独占企業の個別の供給量がそのまま市場全体の供給量になる。独占企業は他の企業との競争にさらされないため，価格決定力（価格支配力）を持つ**プライス・メーカー**（価格決定者）となる。しかし，価格を決定できると言っても，独占企業が希望する価格で希望する数量の財・サービスを必ず販売できるだろうか。完全競争市場の企業とは異なり，独占企業が利潤最大化を図るには，需要側の事情も考慮しなければならないのである。

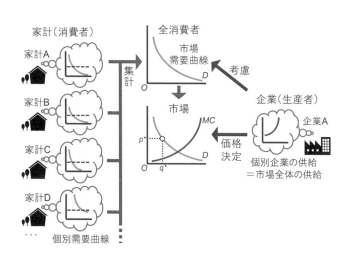

独占企業といえども消費者に強制的に財・サービスを買わせるわけではない
ので、独占企業が自由に決めた価格で供給できる数量は、消費者がその価格で
いくつ買ってくれるか、つまり市場需要曲線によって決定される。一般的に需
要曲線は右下がりであるから、価格を上げると企業が販売可能な数量は減るし、
その数量を増やすには価格を下げなければならない。したがって、総収入（＝
価格×数量）を縦軸に、数量を横軸にとると、総収入曲線は図10-1のようなカー
ブを描く。総収入曲線において傾き（横軸の数量1の増加に対し縦軸の値がどのく
らい増えるか）を調べれば、それは限界収入（追加1単位の生産による収入の増加
分）である。総収入曲線の傾き（限界収入）は数量の増加に伴って減少し続け、
総収入が増加している範囲ではプラスだが、総収入が最大となる頂点でゼロと
なり、総収入が減少している範囲ではマイナスとなる。

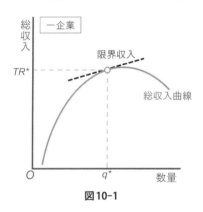

図10-1

　他方、総費用曲線は完全競争市場の場合と同じ形を想定している。総費用曲
線において傾き（横軸の数量1の増加に対し縦軸の値がどのくらい増えるか）を調
べれば、それは限界費用（追加1単位の生産にかかる費用の増加分）である。一般
的に、限界費用は生産量の増加に伴って始めのうち逓減（徐々に減少）し、そ
の後、逓増（徐々に増加）する。生産設備に対して生産量が少なすぎると生産
効率が悪いが、生産量が増えていくと生産効率が良くなっていき、しかし、生
産設備に対して生産量が多すぎると生産効率が悪くなるためである。そのよう
な限界費用（総費用曲線の傾き）の変化をたどると、総費用曲線は逆S字型であ

った（図10-2）。

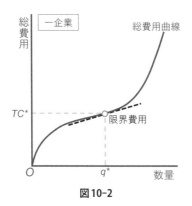

図10-2

　以上の総収入曲線と総費用曲線を用いると，独占企業の利潤最大化を考えることができる。一企業の利潤は，

　一企業の利潤＝総収入−総費用　$(\pi = TR - TC)$

により計算され，総収入と総費用の差（総収入曲線と総費用曲線の縦軸方向の距離）に注目することになる。図10-3において，点Bや点Cでは総収入曲線と総費用曲線が交わっているため（総収入＝総費用），利潤はゼロである。また，原点から点Bまでの範囲，点Cよりも右の範囲では，総収入曲線が総費用曲線よりも下方にあるため（総収入＜総費用），利潤はマイナスである。利潤がプラスとなるのは点Bと点Cの間の範囲であり，総収入曲線と総費用曲線が最も離れる点Aで利潤は最大となる。このとき，点Aにおける接線の傾き（総費用曲線の傾き）は総収入曲線の傾きに等しく，

　限界費用＝限界収入　（≠市場価格）

が成立している。第8章で確認した完全競争市場の場合は限界収入（総収入曲線の傾き）が一定（＝市場価格）であったが，不完全競争市場の場合は数量に応

じて限界収入（総収入曲線の傾き）も変化するという点が異なる。

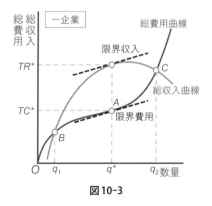

図 10-3

　これを限界収入と限界費用のグラフとして描くと，図10-4のようになる。独占企業は，財・サービスの生産から得られる利潤（＝総収入－総費用）が最大になるように行動する。生産量ゼロから出発して追加1単位の生産を考えていくとき，限界収入≧限界費用ならば生産し，限界収入＜限界費用ならば生産しない。すると，限界収入曲線と限界費用曲線の交点 E（限界収入＝限界費用）で利潤最大化となる数量 q^* が決定される。この数量 q^* を市場で販売可能な価格 p^* は，数量 q^* のときの市場需要曲線の高さ（**クールノーの点**）で決定される。

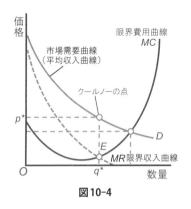

図 10-4

Antoine Augustin Cournot
（アントワーヌ・
オーギュスティン・クールノー）
（1801-1877）

　以上のように限界収入曲線は独占的供給量の決定に不可欠だが，そのときの

価格は限界収入曲線ではなく市場需要曲線（言い換えれば，**平均収入曲線**）によって決定される。完全競争市場の場合は，市場価格線が平均収入曲線であり限界収入曲線でもあった。それは供給量にかかわらず市場価格が一定なので，企業にとって常に「限界収入＝平均収入（＝総収入÷数量）＝市場価格」が成立したからである。しかし，不完全競争市場の場合は，平均収入曲線と限界収入曲線はそれぞれ別の曲線である。価格と供給量がもはや無関係ではなく，販売可能な数量を増やすには価格（平均収入）を下げていかなければならない。このような状況では，追加1単位の供給を増やしていくときの収入の増分（限界収入）と，供給量が決まった後の平均化された1単位あたりの収入（平均収入）は異なるため，限界収入曲線と平均収入曲線はそれぞれ別の曲線になる。

　図10-4において，独占企業が価格 p^*，数量 q^* で生産を行うとき，完全競争市場の場合の均衡点（市場需要曲線と限界費用曲線の交点）と比べれば，独占企業が供給量を制限して価格をつり上げていることが分かる。このとき，消費者余剰は縦軸，市場需要曲線，市場価格線，q^* を通る垂直な線で囲まれる領域となり（図10-5），生産者余剰は縦軸，市場価格線，限界費用曲線，q^* を通る垂直な線で囲まれる領域となり（図10-6），社会的余剰は縦軸，市場需要曲線，限界費用曲線，q^* を通る垂直な線で囲まれる領域となる（図10-7）。完全競争市場の場合（図6-21参照）に比べて，供給独占の下では社会的余剰が減少していることが分かる。減少分は，q^* を通る垂直な線，市場需要曲線，限界費用曲線

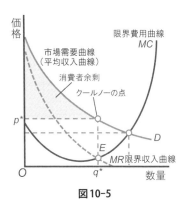

図10-5

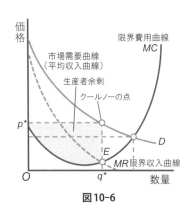

図10-6

で囲まれる部分であり，**死重的損失**（死荷重）と呼ばれる。

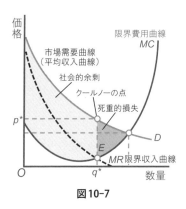

図10-7

2. 独占的競争市場

　独占的競争市場とは，財・サービスが同質でない市場（産業）に多数の売り手がいて競争している市場である。各企業が供給する財・サービスが互いに少しずつ異なり（**製品差別化**されており），したがって独占企業のような価格決定力（価格支配力）をある程度は持っている。しかし，供給独占市場とは異なり，

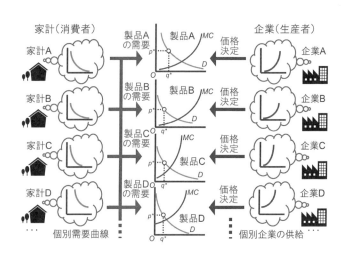

常に新たな企業が参入して既存企業の需要（**シェア**）を奪う可能性がある（他社に対する需要増は自社の需要減となる）。

　独占的競争市場の場合も，独占企業の場合と同じように，限界収入曲線と限界費用曲線の交点 E（限界収入＝限界費用）で利潤最大化となる数量 q^* が決定される。この数量 q^* を市場で販売可能な価格 p^* は，数量 q^* のときのこの企業にとっての需要曲線の高さ（クールノーの点）で決定される。価格と数量が分かれば，総収入を計算することができる（総収入＝価格×数量＝pq）。グラフでは縦軸，横軸，市場価格線，q^* を通る垂直な線で囲まれる領域（四角形）となる（図10-8）。同様に，平均費用曲線によって数量 q^* のときの平均費用が分かれば，総費用を計算することができる（総費用＝平均費用×数量＝aq）。グラフで

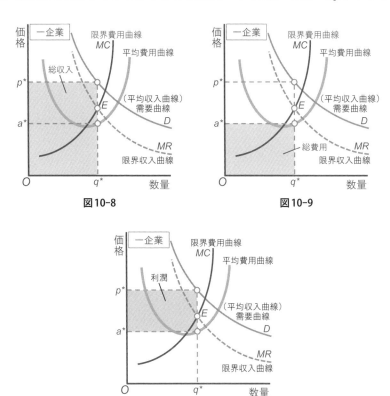

図10-8

図10-9

図10-10

は縦軸, 横軸, a^*を通る水平な線, q^*を通る垂直な線で囲まれる領域 (四角形) となる (図10-9)。そして, 総収入と総費用が分かれば, 利潤を計算することができる (利潤 = 総収入 − 総費用 = $pq - aq$)。グラフでは縦軸, 市場価格線, a^*を通る水平な線, q^*を通る垂直な線で囲まれる領域 (四角形) となる (図10-10)。

図10-10のように需要曲線が平均費用曲線と交わっているとき, 市場価格＞平均費用となるため, 総収入＞総費用, つまり, 利潤＞0である。利潤は総費用を支払っても残る (超過利潤)。市場全体をみたとき, 多くの企業で超過利潤が生じているならば, 新たな企業が利潤を得ようとしてその市場 (産業) に参入するはずである。新たな企業が参入すると, この企業に対する需要量は減少するため, 需要曲線が左にシフトする。

図10-11のように需要曲線が平均費用曲線の左下にあるとき, 市場価格＜平均費用となるため, 総収入＜総費用, つまり, 利潤＜0である。利潤は総費用を支払うとマイナスになる。市場全体をみたとき, 多くの企業で利潤がマイナスならば, 一部の企業が損失を避けようとしてその市場 (産業) から退出するはずである。一部の企業が退出すると, この企業に対する需要量は増大するため, 需要曲線が右にシフトする。

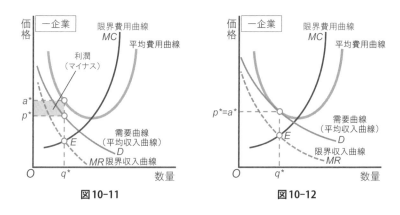

図10-11　　　　　　　　　　　　　　　**図10-12**

図10-12のように需要曲線が平均費用曲線と接しているとき, 市場価格 = 平均費用となるため, 総収入 = 総費用, つまり, 利潤 = 0である。利潤は総費用

（可変費用と固定費用）を支払ってゼロになる。市場全体をみたとき，多くの企業で利潤がゼロならば，その市場（産業）では企業の参入や退出が生じないはずである。他の事情が同じならば，同一市場のすべての企業の利潤がゼロとなる点で長期均衡となる。ただし，完全競争市場の場合とは異なり，このとき各企業は平均費用が最小となる点（1単位あたりを最も安く生産できる最適規模）で生産を行ってはおらず，市場全体で最も効率的な生産が実現されているわけではない。

《**計算問題**》

・ある供給独占市場において，需要曲線が $D = 900 - p$，独占企業の限界収入が $MR = -2q + 900$，限界費用が $MC = q$ であるとき，(1)この企業が設定する価格と供給量，(2)消費者余剰，(3)生産者余剰，(4)社会的余剰，(5)死重的損失を求めなさい。ただし，D は需要量，MR は限界収入，MC は限界費用，p は価格，q は供給量である。

（答え：(1) $q^* = 300$，$p^* = 600$，(2) 45000，(3) 135000，(4) 180000，(5) 22500）

《**考察**》

・日本における供給独占市場の例は何だろうか。（ヒント：かつての専売事業）
・日本における独占的競争市場の例は何だろうか。（ヒント：製品差別化）

第11章
市場の失敗

1. 市場の失敗とは

　アダム・スミスが「見えざる手」で述べたのは,「あらゆる個人は……公共の利益を促進しようと意図してもいないし, 自分がそれをどれだけ促進しつつあるのかを知ってもいない。……見えない手に導かれ, 自分が全然意図してもみなかった目的を促進するようになる」(アダム・スミス著, 大内兵衛・松川七郎訳 (1965)『諸国民の富 (三)』岩波書店, 56ページ) ということであった。その後のミクロ経済学が解明してきた市場の価格メカニズムでは, 合理的な個人が市場の価格を参照しながら行動すると, 財・サービスの需要(消費)と供給(生産)が均衡し(釣り合い), 社会全体で最適な(効率的な)資源配分が実現されると考えられている。

　しかし, 市場の価格メカニズムは常に完璧に機能するわけではない。その限界として,「**市場の失敗**」と呼ばれる事象(独占, 情報の非対称性, 外部性, 公共財, 費用逓減産業など)も知られている。独占については第10章で既に見たので, ここでは情報の非対称性, 外部性, 公共財, 費用逓減産業について見ていこう。

2. 情報の非対称性

　情報の非対称性とは, 経済主体(生産者・消費者)の間で取引内容についての情報に隔たりが生じていることを指す。

　たとえば, 中古車市場(**レモン市場**)では買い手よりも売り手(ディーラー)の方が車の状態に詳しいのが普通だろう。もし買い手から見て欠陥車と優良車

の区別がつかなければ，欠陥車の販売が増えやすく，実際にそうなれば全体的に価格が下がって優良車を買取・販売することができなくなるだろう。このように優良な財・サービスが市場から淘汰され，劣悪な財・サービスだけが残ってしまう現象を**逆選択**（逆淘汰）と言う。英語で欠陥品のことを「レモン」と言うことから，このような市場はレモン市場と呼ばれる。

あるいは**保険市場**では，売り手（保険会社）よりも買い手（加入者）の方が加入者自身の状態や行動に詳しい。保険会社から見て区別がつかないと，病気や事故の多い加入者が増えやすく，実際にそうなれば全体的に保険料が上がって優良な加入者は加入しなくなるだろう（逆選択）。また，保険の加入者（被保険者）は病気・事故の際に保険金を得られることから，保険があると危険を回避する努力を怠り，かえって病気・事故の発生率が高まるかもしれない。このような現象を**モラル・ハザード**と言う。

それでも中古車市場や保険市場が成立しているのは，情報の非対称性に対処する方法があるからである。1つは**シグナリング**と言って，取引内容について情報を持っている側が情報を持っていない側に情報を開示するための行為・工夫である。たとえば，中古車のディーラー（あるいは中古品業者全般）は購入後一定期間の無償修理を保証することによって，取り扱っている中古品が優良であるという情報を消費者に開示している。もう1つの方法は**スクリーニング**と言って，取引内容について情報を持っていない側が情報を持っている側から情報を引き出すための行為・工夫である。たとえば，保険会社は保険料や自己負担率の異なる保険を何種類も用意し，加入者自身に選択させること（**自己選択**）によって，病気・事故の発生率が高い加入者と低い加入者を知ろうとしている。

3. 外部性

外部性（外部経済）とは，ある経済主体（生産者・消費者）の経済活動が他の経済主体に対して，市場（価格メカニズム）の外部でプラスやマイナスの影響を及ぼすことである。外部性にはプラスの影響を及ぼすもの（**正の外部性**）と

マイナスの影響を及ぼすもの（**負の外部性**）とがある。

　たとえば，通勤通学の途中に住宅街の美しい庭木に心休まることがあれば（しかし対価を支払っていなければ），見知らぬ個人の庭木の手入れによって正の外部性が生じていることになる。あるいは，養蜂家が育てる蜂が果樹園まで飛んでいき，蜂が蜜を集めながら果樹の受粉を助けることがあれば（しかし対価を支払っていなければ），正の外部性が生じていることになる。あるいは，何らかの発明を発明者の厚意により社会全体で利用することがあれば（しかし対価を支払っていなければ），正の外部性が生じていることになる。

　他方で，たとえば，何らかの財・サービスの生産活動にともなって環境汚染や騒音等の公害が生じることがあれば（しかし損害が補償されていなければ），負の外部性が生じていることになる。あるいは，個人が行う財・サービスの消費活動であっても，受動喫煙やイヤホンの音漏れのような迷惑が生じることがあれば（しかし損害が補償されていなければ），やや大げさではあるが，負の外部性が生じていることになる。

　以上の区別とは別に，**ネットワーク外部性**と呼ばれる外部性もある。ネットワーク外部性とは，財・サービスの利用者数（ユーザー数）の増加によって，その財・サービスから得られる便益が増大することを指す。その財・サービス自体には何の変化もなくとも，利用者が増えれば増えるほど，財・サービスの魅力が高まり，ますます利用者が増えていくという場合である。たとえば，ビデオテープ，DVD，次世代DVDなどの規格は周りの人が利用しているものほ

ど好都合であるし，他人と通信することが目的のSNSは多くの人が利用しているものでなければ意味をなさないだろう。このような場合，多くの市場シェアを獲得した規格や製品・サービスが（時にはその性能・品質とは無関係に），**デファクト・スタンダード**（事実上の標準）となる。

　話を戻すと，負の外部性が生じている場合は，どのように対処すればよいのだろうか。市場において需要曲線が表すのは家計（消費者）自身にとっての限界効用（**私的限界効用**）であり，供給曲線が表すのは企業（生産者）自身にとっての限界費用（**私的限界費用**）であり，価格メカニズムによって需要曲線と供給曲線の交点Eで生産・消費が行われるようになるのであった（図11-1）。このとき，生産によって負の外部性（公害等）が生じているとしたら，社会全体でみた限界費用（**社会的限界費用**）は企業が実際に負担している私的限界費用を上回っている。点Fと点Eの間の距離が負の外部性（公害等）による社会の損失である。もはや価格メカニズムによって決定される均衡点Eの生産量q^*が社会的に最適な生産量であるとは言えない。

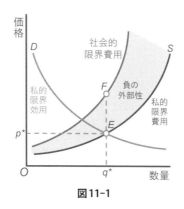

図11-1

　生産によって生じている負の外部性（公害等）も考慮に入れるならば，社会的限界費用が私的限界効用に等しい点Gで生産を行うべきである（図11-2）。そのために企業の行動を是正する1つの方法は，点Gにおいて生じている負の外部性に等しい額（点Gと点Hの間の距離）を政府が課税することである（**ピグー税**）。課税された企業にとって，税金は自身にとっての私的費用であるため，企

業の限界費用曲線は上方にシフトする。税金は企業にとって生産量を減らすインセンティヴ（誘因）として働き，社会的限界費用＝私的限界費用＝私的限界効用となる点 G で生産を行うようになる。ピグー税のもとで価格メカニズムにより決定される生産量 q' は再び社会的に最適な生産量となる。

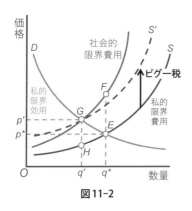

図11-2

Arthur Cecil Pigou
（アーサー・セシル・ピグー）
（1877-1959）

Ronald Harry Coase
（ロナルド・コース）
（1910-2013）
©University of Chicago
Law School

　ただし，負の外部性が生じているからといって，必ずしもピグー税のような政府による介入が必要とは限らない。もし市場での交渉にさほど費用（**取引費用**）がかからなければ，外部性は市場の当事者間の自発的な交渉によって解決することができ，当事者のどちらの側が負の外部性の費用を負担することになったとしても資源配分の効率性は損なわれない（**コースの定理**）。ただし，当事者間の交渉にあまりにも費用がかかる時には当事者間で交渉を行うことが難しく，**外部性の内部化**を達成することができない恐れもある。そのような場合には政府が税や規制によって市場に介入せざるを得ない。

4. 公共財

　公共財とは，**私的財**（通常の財）と異なり，2つの性質をもつ財・サービスで

ある。1つは**非競合性**（集団性）であり，ある人の消費によって他の人の消費できる量が減少せず，多くの人が共同で消費することができる財・サービスであることを指す。たとえば，道路や公園などのインフラは誰かが利用しても消えてなくなることはなく，多くの人が共同で消費することができる（もっとも，混み合ってくると快適な利用ができないという意味では，若干の競合性がある）。また，警察，消防，国防などのサービスは，個人ではなく地域や国土を対象にしており，多くの人が共同で消費している。

　もう1つの性質は**非排除性**（排除不可能性）であり，特定の人だけを財・サービスの消費から排除できないことを指す。私的財の場合，便益を受ける者が対価を支払わなければ消費することができないが，道路や公園などのインフラは誰でも利用することができ，便益を受ける者を限定することが難しい（もちろん，費用をかけてゲートと料金所を設ければその限りではない）。警察，消防，国防などのサービスも，地域や国土の全体に資するものであって，便益を受ける者を限定することは難しい。このような場合，他の人々に費用負担させ，自らは対価を支払わずに便益を受けようとする**フリー・ライダー**（ただ乗り）が生じる恐れがある。

　公共財には上記のような非競合性や非排除性があるので，私的企業に供給を任せて市場により需給を調整することは難しい。各家計の需要量を集計して全体の需要量を求めても，それが供給すべき量にはならないし，フリー・ライダーが需要量を偽ると供給が過少になるからである。たとえば，各家計が1つずつ公園を必要としているとしても，公園は共同で利用できるものであるから，合計した数の公園を作るのは適切ではない。また，公園の対価（ここでは税金で作るのではない状況を考えている）を支払いたくないフリー・ライダーは公園が必要でない振りをするので，供給すべき量はなおさら把握しがたい。このよ

うな場合には政府や公的な機関が公共財を供給することが多い。

　なお，非競合性と非排除性のうち一方の性質だけを満たす財・サービスは**準公共財**と呼ばれる。特に，非競合的で排除的な準公共財（たとえば，衛星放送）は**クラブ財**と言い，競合的で非排除的な準公共財（たとえば，公海の漁業資源）は**コモンプール財**と言う。

5. 費用逓減産業

　費用逓減産業とは，生産規模の拡大に伴って平均費用が逓減していく産業のことである。電力，ガス，水道，通信，鉄道，製薬，ソフトウェアのように生産の総費用に占める固定費用が非常に大きい産業では，生産の規模（生産量）が大きければ大きいほど，平均費用（＝総費用÷生産量）が下がっていく（図11-3）。これは限界費用が逓増，一定，逓減のいずれであっても生じうる**規模の経済**である。財・サービス1単位あたりをますます安く生産できるようになっていくということは，最初に参入した企業が規模の拡大とともにますます優位となるため，新規参入は難しく，自ずと独占に至りやすい（**自然独占**）。

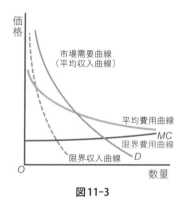

図11-3

　費用逓減産業の場合も不完全競争市場であるから，限界収入曲線と限界費用曲線の交点 E（限界収入＝限界費用）で利潤最大化となる数量 q^* が決定される（図11-4）。この数量 q^* を市場で販売可能な価格 p^* は，数量 q^* のときのこの企

業にとっての需要曲線の高さ（クールノーの点）で決定される。価格と数量が分かれば，総収入を計算することができる（総収入＝価格×数量＝pq）。グラフでは縦軸，横軸，市場価格線，q^*を通る垂直な線で囲まれる領域（四角形）となる（図11-4）。同様に，平均費用曲線によって数量q^*のときの平均費用が分かれば，総費用を計算することができる（総費用＝平均費用×数量＝aq）。グラフでは縦軸，横軸，a^*を通る水平な線，q^*を通る垂直な線で囲まれる領域（四角形）となる（図11-5）。そして，総収入と総費用が分かれば，利潤を計算することができる（利潤＝総収入－総費用＝$pq-aq$）。グラフでは縦軸，市場価格線，a^*を通る水平な線，q^*を通る垂直な線で囲まれる領域（四角形）となる（図11-6）。

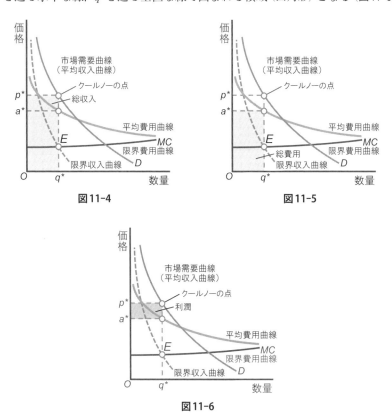

図11-4

図11-5

図11-6

図11-6において，この企業が価格p^*，数量q^*で生産を行うとき，完全競争

市場の場合（市場需要曲線と限界費用曲線の交点で均衡）と比べれば，この企業が供給量を制限して価格をつり上げていることが分かる。このとき，消費者余剰は縦軸，市場需要曲線，市場価格線，q^*を通る垂直な線で囲まれる領域となり（図11-7），生産者余剰は縦軸，市場価格線，限界費用曲線，q^*を通る垂直な線で囲まれる領域となり（図11-8），社会的余剰は縦軸，市場需要曲線，限界費用曲線，q^*を通る垂直な線で囲まれる領域となる（図11-9）。完全競争市場の場合（図6-21参照）に比べて，自然独占の下では社会的余剰が減少していることが分かる。減少分は，q^*を通る垂直な線，市場需要曲線，限界費用曲線で囲まれる部分であり，死重的損失（死荷重）と呼ばれる。

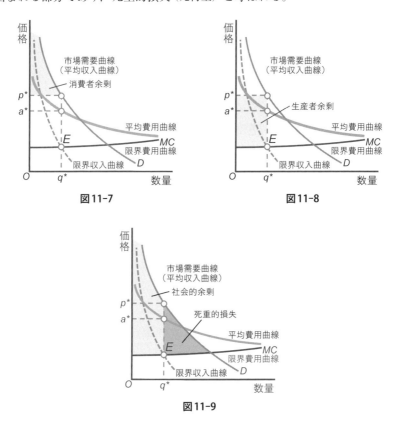

図11-7

図11-8

図11-9

したがって，第10章では供給独占市場において資源配分が社会的に望まし

くないことを確認した。しかし，費用逓減産業の場合には，単一の巨大な企業が多くの生産を行った方が，複数の企業で生産を行うよりも安く供給できる可能性が高く，これは消費者にとっても社会全体にとっても望ましいことである。したがって，政府は独占的供給権を与えて自然独占そのものは容認しつつ，しかし同時に価格（料金）をつり上げられないように規制することが多い。解決策の1つは，価格が限界費用に等しくなるような状況（完全競争市場と同じ状況）を政府が作り出すことによって社会的余剰を最大にする方法である（**限界費用価格形成原理**と言う）。その場合の新たな生産量は，市場需要曲線と限界費用曲線の交点 E'（完全競争市場の場合の均衡点）の数量 q' である（図11-10）。

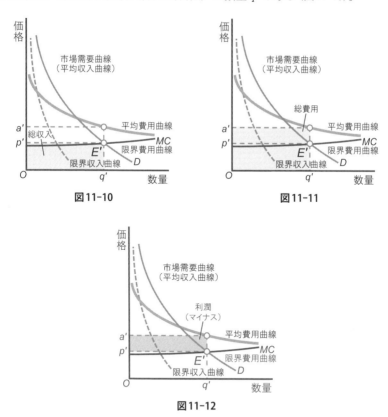

図11-10

図11-11

図11-12

この数量 q' を市場で販売可能な価格 p' は，数量 q' のときのこの企業にとっ

ての需要曲線の高さで決定される。価格と数量が分かれば，総収入を計算することができる（総収入＝価格×数量＝pq）。グラフでは縦軸，横軸，市場価格線，q'を通る垂直な線で囲まれる領域（四角形）となる（図11-10）。同様に，平均費用曲線によって数量q'のときの平均費用が分かれば，総費用を計算することができる（総費用＝平均費用×数量＝aq）。グラフでは縦軸，a'を通る水平な線，横軸，q'を通る垂直な線で囲まれる領域（四角形）となる（図11-11）。そして，総収入と総費用が分かれば，利潤を計算することができる（利潤＝総収入－総費用＝$pq-aq$）。グラフでは縦軸，a'を通る水平な線，市場価格線，q'を通る垂直な線で囲まれる領域（四角形）となる（図11-12）。総収入＜総費用，つまり，利潤＜0なので，この企業が数量q'で生産を続けることは難しい。しかし，政

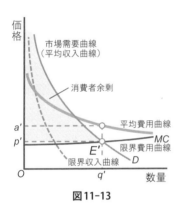

図11-13

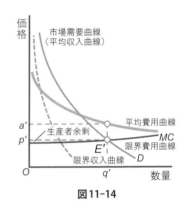

図11-14

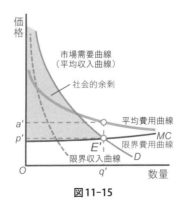

図11-15

府が企業の損失分と同額の補助金を企業に与えて補填すれば，価格 p'，数量 q' で生産を続けることができる。

このとき，消費者余剰は縦軸，市場需要曲線，市場価格線，q' を通る垂直な線で囲まれる領域となり（図11-13），生産者余剰は縦軸，市場価格線，限界費用曲線，q' を通る垂直な線で囲まれる領域となり（図11-14），社会的余剰は縦軸，市場需要曲線，限界費用曲線，q' を通る垂直な線で囲まれる領域となり（図11-15），確かに社会的余剰が最大（死重的損失がゼロ）になっている。

《考察》

・日常生活の中で「正の外部性」や「負の外部性」の例はあるだろうか。(ヒント：対価，漏出効果)

・経済活動をできる限り市場に任せることは妥当だろうか。(ヒント：価格メカニズム，取引費用，市場の失敗，政府の失敗)

あとがき

　私が経済学を初めて学んだのは，明治大学経営学部の藤江昌嗣先生の授業であった。経営の現場を意識し，時には標準的な経済学の枠組みを越えて問題を提起される授業に魅了され，経済学の勉強にのめり込んでいった。その出発点が私に与えた影響は計り知れないが，教員としてのあり方においても多くを学ばせて頂いた。私の授業は藤江先生のようにウィットに富んだものではなく，ただただ生真面目に教えているに近いが，授業中にレポート発表や作業を取り入れるなど学生から評判の良い点の多くは，実は当時の藤江先生の授業の見様見真似である。本書にもその良さが少しでも現れていればと願う。

　次に経済学を学んだのは，ゼミの担当教員であった長尾史郎先生（現・明治大学名誉教授）からであった。ゼミでは本書のようなミクロ・マクロではなく「組織の経済学」を学び，その後はもっと幅広い分野の事柄をご教示頂いたが，「経営学部における経済学」の難しさについて常々仰っていたことを思い出す。今ではその難しさが身に染みてよく分かる（つもりになっている）。まえがきで少し触れたことが私なりの答えだが，まだまだ及第点は頂けないと思う。経営学部で研究し教授すべき経済学とは何かということは，私にとってこれからも追求し続けなければならない課題であり，現職において託された使命の1つだと考えている。

　さらに遡れば，そもそも経済的な事柄に私が関心を抱いたのは，公認会計士である父と税理士である母の影響に違いない。父は顧問先企業のために景気を憂い，常に経済動向を注視し続ける，言わば在野の経済学者でもあった。母は家計と会計事務所の両方を切り盛りし，言わば小さな経済を司っているように見えた。両親には長い学生時代の経済的支援はもちろんのこと，生まれや環境から多くの資質やスキルを授かり，人生や家族について考える力を与えてもらった。両親の仕事を引き継ぐことにはならなかったが，授かったものを別の形

で引き継いでいきたいと思っている。

　本書の執筆中には同居する家族に迷惑をかけてしまった。寝かしつけ後の夜間だけでは時間が足りず，休みの日中も執筆せざるを得なかったため，2歳の息子はあまり遊んでもらえないことにさぞご立腹であったと思う（度々の妨害は甘んじて受け入れた）。当然の帰結として妻の育児負担もその分だけ増えてしまったが，それでも執筆に対して理解を示し励ましてくれた。現代家庭の例に漏れず，我が家でも仕事と家庭のトレードオフに日々直面せざるを得ないのだが，どこかで埋め合わせをしたいと思っている。

　出版にあたっては，学文社の編集者である落合絵理氏に再び大変お世話になった。またもや何年もお待たせすることになってしまったが，時折の温かいお声掛けのお陰でこうして書き上げることができた。心から感謝申し上げたい。

　本書が経済学を学ぶ読者の助けとなり，幾分でも見晴らしの良いところに案内できたならば，筆者としては喜ばしい限りである。

2020年2月

三 上 真 寛

索　引

118

記号一覧

Δ（delta）	変化量，増分
D（demand）	需要
E（equilibrium）	均衡
K（capital; Kapital）	資本
L（labor）	労働
MC（marginal cost）	限界費用
MR（marginal revenue）	限界収入
MU（marginal utility）	限界効用
O（origin）	原点
p（price）	価格
π（profit）	利潤
q（quantity）	数量
r（rental）	資本レンタル料
S（supply）	供給
TC（total cost）	総費用
TR（total revenue）	総収入
U（utility）	効用
w（wage）	賃金
Y（yield）	所得，産出量
$*$（asterisk; star）	均衡のときの

著者紹介

三上　真寛（みかみ・まさひろ）

明治大学経営学部卒業，北海道大学大学院経済学研究科
博士後期課程修了。博士（経済学）。
現在，明治大学経営学部教授。
著書に『マクロ経済学：基礎へのアプローチ』（学文社，
2020年），『市場競争のためのビジネス・エコノミクス』，
『景気把握のためのビジネス・エコノミクス』（学文社，
2022年），訳書に『経済理論と認知科学：ミクロ的説明』
（ドン・ロス著，長尾史郎監訳，学文社，2018年）など。

ミクロ経済学：基礎へのアプローチ

2020年2月25日　第1版第1刷発行
2023年8月10日　第1版第4刷発行

著者　三上　真寛

発行者　田中　千津子

発行所　㈱学文社

〒153-0064　東京都目黒区下目黒3-6-1
電話　03（3715）1501 ㈹
FAX 03（3715）2012
https://www.gakubunsha.com

印刷　新灯印刷㈱

ISBN978-4-7620-2934-9

三上真寛 著　　　　　　　　定価各2530円（本体2300円＋税10%）

市場競争のための ビジネス・エコノミクス

ISBN978-4-7620-3129-8　A5判/192頁

ビジネス，経営，企業行動をよみとくための「経済学」を学ぶ。特に市場で企業が繰り広げる競争に関係する事項を概説。

景気把握のための ビジネス・エコノミクス

ISBN978-4-7620-3182-3　A5判/224頁

ビジネス，経営，企業行動を正しく導くための景気把握とは。ビジネス・エコノミクスのうち，特に日本経済の動向と景気判断に関係する事項を簡明に概説。

マクロ経済学
──基礎へのアプローチ

三上真寛 著

⦿ 定価2200円（本体2000円＋税10%）
　ISBN978-4-7620-2935-6　A5判/142頁

経済学部以外の学生向けに編まれたマクロ経済学テキスト。
高度な数式による展開は避け，豊富な図表とともに丁寧に解説。理論の前提や限界についても深く考察するように設計。入門書として社会人の学び直しにも最適。

経済理論と認知科学
──ミクロ的説明

ドン・ロス 著 / 長尾史郎 監訳・三上真寛 訳

⦿ 定価5940円（本体5400円＋税10%）
　ISBN978-4-7620-2794-9　A5判/536頁

意識，志向性，エージェンシー，セルフ，行動──経済学はこれらをどのように捉えるべきか。伝統的な経済理論の歴史と認知科学の最新の知見に基づいて，両者を結びつける正しい経済学のあり方を探求。